老板财税顶层设计

李非凡 著

中华工商联合出版社

图书在版编目(CIP)数据

老板财税顶层设计 / 李非凡著. —北京：中华工商联合出版社，2023.1

ISBN 978-7-5158-3589-1

Ⅰ.①老… Ⅱ.①李… Ⅲ.①企业管理—财务管理—中国②企业管理—税收管理—中国 Ⅳ.①F279.23②F812.423

中国国家版本馆CIP数据核字(2023)第022437号

老板财税顶层设计

作　　者：	李非凡
出品人：	刘　刚
责任编辑：	胡小英
装帧设计：	胡志远
责任审读：	付德华
责任印制：	迈致红
出版发行：	中华工商联合出版社有限责任公司
印　　刷：	香河县宏润印刷有限公司
版　　次：	2023年3月第1版
印　　次：	2023年3月第1次印刷
开　　本：	710mm×1000mm　1/16
字　　数：	200千字
印　　张：	16
书　　号：	ISBN 978-7-5158-3589-1
定　　价：	88.00元

服务热线：010—58301130—0（前台）
销售热线：010—58302977（网店部）
　　　　　010—58302166（门店部）
　　　　　010—58302837（馆配部、新媒体部）
　　　　　010—58302813（团购部）
地址邮编：北京市西城区西环广场A座
　　　　　19—20层，100044
http://www.chgslcbs.cn
投稿热线：010—58302907（总编室）
投稿邮箱：1621239583@qq.com

工商联版图书
版权所有　侵权必究

凡本社图书出现印装质量问题，请与印务部联系。
联系电话：010—58302915

前言

不做财税顶层设计，怎么做老板？

企业经营离不开财税设计：一方面企业的一切经营活动离不开财务管理的监督和调控；另一方面企业保持良性经营离不开涉税风险的管控和税收规则的遵守。

一个企业不考虑财税的经营决策一定是有缺陷的决策。无论是个体经商老板、中小企业的决策层人员，还是大型企业的总裁和高管人员，作为实体经营最高管理者，必须具备通过财务管理了解企业当前的资金情况和未来可能遭遇的资金风险的能力，以不断修正企业存在的显性和隐性的财务问题，提高企业的经营效益，促进企业快速发展。

同时，企业管理者必须掌握税收规则的演进，掌握涉税风险的管控，规避税收问题，学习税务筹划的技巧，在减轻企业税收负担的同时，降低企业税务风险。

作为企业的全面"操盘手"，企业管理者的思维模式转换和能力架构要与外部市场环境和企业内部经营保持同频，进行完善的、符合实际的、具有可行性的财税顶层设计。

企业财税风险管控情况的好坏及成本的高低，首先在于管理者的事前谋划和事中管控，其次才是财务人员的适时处理。但在现实中，很多企业管理者并未做好这部分工作，将主要精力投入到渠道拓展、业务开发和日常管理中，对于可能成为企业致命隐患的财务和税务两方面投入精力甚少。甚至一些企业管理者认为财务管理和税务事项都是财务部门的工作，认为雇用了专职专业的财务人员就万事大吉了。但在财税运作体系不良的企业内，财务人员通常被看成是"账房先生"，只负责做好分内工作——记录企业的现金流向和执行企业的税务筹划，至于企业财务流向和税务筹划背后的隐患，却不是财务人员所能干预的。

一个企业降低财税风险和财税成本的关键在于管理者，管理者对企业经营战略的制定、企业采取的经营架构、生产经营管理的方式以及在决策中对待财税问题的态度，决定了财税风险和财税成本的高低。正因为一些企业管理者不懂财税或者轻视财税，导致所管理的企业财务与税务工作无法得到良性发展，企业存在明显的财税管理风险和财税运作难题而不知：

●企业管理者要求节税，财务人员无从下手或违规操作；

●企业上下游无法配合提供合理票证；

●持有财务工作仍以对付税务局为核心的传统工作理念；

●"金税四期"监管越来越严，企业账外逃税已无处遁形；

●企业高税负低收益导致转型艰难，税务工作寸步难行；

●企业无法通过财务手段实现降本增效，提高收益；

●企业存在偷税把柄，一定会受制于同行和企业内部高管；

……

陷入以上困境，皆因企业管理者没有在财税维度进行顶层设计，企业管理者未能从企业运营的本质出发。老板人前多风光，人后多忧伤，民企管理的瓶颈落在财税管理上，企业做大做强的前提即是财税体系管理的规范化。然而，AB账、偷逃税、成本高、利润降低、内控混乱、税负无规划等不仅制约着企业向更高层次迈进，也为企业和管理者带了极大的财税风险，轻则被行政罚款，重则会有牢狱之灾。

企业管理有着极其复杂的综合过程，包含众多领域工作，其中"牵一发而动全身"的就是财税管理。在瞬息万变且竞争激烈的市场环境中,建立以财税管理为中心的管理体系愈发重要。向财务要利润,为税务负责任,企业管理者必须立足于财务管理和税务筹划,对企业当下的运营管理进行全面梳理和分析,并对企业财税管控体系的建立进行深入剖析。

本书旨在教授企业管理者如何进行财税顶层设计的知识,拥有真正有利于企业发展的财税思维。财税的运用虽是一体化,但讲解却要分开进行。本书分上下两篇,上篇主讲财务,下篇主讲税务。

第一章指导企业管理者从财务角度认识企业管理,跳出纯管理思维,了解财务管理与企业管理的硬连接性。

第二章指导企业管理者用"报表"运筹"决策",谨防"拍脑门式决策"和"自以为是的决策",报表如同医院的检查仪器,只要仪器工作正常,得出的数据不会说谎。一份清晰的报表能让企业的得与失一览无余。

第三章指导企业管理者用"数据"分析"利润",深度解读数据背后的内容,如数据对于企业经营决策和利润收益有哪些利弊。

第四章指导企业管理者用"预算"启动"战略",通过了解全面预算和编制高质量预算表,保障企业的业务与财务的良性融合。

第五章从财务管理的角度指导企业管理者重新认识成本,达到用"流程"控制"成本",即通过抓好现金、票据、资金周转、现金流预测、应收账款五个方面的工作,从而做好资金管控。

第六章和第七章帮助企业管理者正确认识资产和使用资产,达到用"效率"推动"增值",即通过资产投资、资产采购、资产租赁的高效运作和对不良资产及非营业性资产的及时处置,实现资产运作的高效率,再结合经营过程中的开源节流实现降本增效,全方面实现企业增值。

第八章讲解如何拉动企业资本进一步提升。这是处于大资本运作阶段,也是最容易产生财务风险的阶段,要求企业管理者在投融资、并收购和上市的过程中始终保持资本良性运作,用"精操"完成"跨越"。

第九章开始对税务设计的讲述，必须从规则开始，"金税四期"背景下企业管理者需要更新思维，用"思维革新"拉动"经营革新"。

第十章、第十一章、第十二章介绍涉税风险与管控模式。企业管理者必须明白，涉税风险不是单纯独立的，而是集团滚进的，有一项风险就会带出另一项风险，进而接连不断出现新的风险，出现涉税风险是因缺少风险管控的体系。因此，企业必须通过设计"系统"实现"风控"，系统需阶段性更新，以应对不断变化的市场环境和税法演进。

第十三章介绍企业全业务链下的税收筹划，也就是用"模式"达到"税务筹划"。税收是企业必须承担的义务，但通过合法操作可以实现一定的税务节约，这也是企业节流的必要手段。

第十四章不是讲企业与税务部门如何博弈，恰恰相反，是要求企业认真配合税务部门的检查，用"合法合规"应对"税务稽查"。

第十五章是对整本书内容的总结概括，希望将本书主要内容阐述得更加清晰。

最后总结，用"财务角度"认识"企业管理"，用"报表"运筹"决策"，用"数据"分析"利润"，用"预算"启动"战略"，用"流程"控制"成本"，用"效率"推动"增值"，用"精操"完成"跨越"，用"思维革新"拉动"经营革新"，用"系统"实现"风控"，用"模式"达到"税务筹划"。

本书既能帮助企业管理者和财务人员提升财税理论修养，又便于在业财融合的基础上进行实际操作。总之，我们用全部的真诚为企业的稳健发展保驾护航！

目 录

上篇 财务

第一章 顶层设计：从财务角度看企业管理 / 3

财务管理与企业价值链的关系 / 3

财务管理如何影响企业战略 / 5

以始为终，从财务维度管理企业 / 7

利用财务管理支持企业运营 / 9

五个财务管理新理念 / 11

必须具有财务目标 / 14

第二章 财务报表——企业"无声的语言" / 16

资产负债表——企业的投影仪 / 16

利润表——企业的摄像机 / 21

现金流量表——企业的 X 光机 / 24

识别三大财务报表中潜藏的风险 / 28

如何设计非专业人士看得懂的财务报表 / 30

如何建立定期财务报告体系 / 32

第三章　财务分析：翻出企业的"底子" / 37

从变现能力看财务风险 / 37

从负债规模看资本结构 / 38

从利润"含金量"看盈利能力 / 41

从营运能力看资产管理水平 / 43

从资产质量分析企业"潜亏" / 46

第四章　预算管理：全方位保障业财融合 / 49

全面预算的重要性 / 49

打开"韦尔奇死结" / 51

如何编制预算表 / 53

企业预算的核心指标及计算方法 / 59

第五章　资金管控：企业存亡的"杀手锏" / 62

资金的内部控制 / 62

银行账户与银行票据 / 64

资金的基本周转与加速周转 / 67

做好未来的现金流量预测 / 69

应收账款管理的"一键三链" / 70

第六章　资产运营：提高资产使用效率，减少资金占用 / 74

资产投资的智慧 / 74

资产采购中的成本管理 / 76

大力减少非营业性资产 / 78

大企业的资产租赁之道 / 80

不良资产务必及时处置 / 82

第七章 降本增效：从管理角度重新认识开源节流 / 85

充分利用财务数据调整策略 / 85

优化设计产品结构，增加收入 / 87

重视周转率，快速获利 / 89

把利益最大化作为企业成本管理的目标 / 91

优化成本结构，提升企业效益 / 93

从业务流程中寻找成本控制的关键点 / 94

企业成本倍减的"4R"之道 / 96

企业费用分类与管控 / 98

直接生产成本与间接生产成本 / 100

第八章 资本运营：权衡收益和成本 / 103

投资决策中的财务支持和财务依据 / 103

融资决策中的财务支持和财务依据 / 105

企业并购、杠杆收购、管理层收购 / 107

企业上市的好处与优势 / 109

借壳上市 / 111

下篇 税务

第九章 老板必须了解的"金税四期" / 117

"金税工程"：税收管理信息系统的构建 / 117

税务局大数据征管与涉税情报管理 / 118

"税费"全数据、全业务、全流程"云化"打通 / 120

税务局的"电子底账" / 121

新财税政策下的三种用工法律关系 / 123

第十章　涉税风险分析及管控 / 126

企业税务风险分析 / 126

企业涉税风险行为自查 / 128

收入不开票的涉税风险 / 131

私卡收款的涉税风险 / 133

企业没收入也要报税 / 134

增值税纳税的常见问题 / 136

企业所得税涉及费用的风险及管控 / 137

税种优惠利用过程中的风险及管控 / 139

咨询服务费的涉税风险及管控 / 141

合伙企业投资分红的涉税风险及管控 / 144

股权激励的涉税风险及管控 / 147

股权转让的涉税风险及管控 / 149

企业注销的涉税风险及管控 / 152

第十一章　发票的涉税风险管控 / 156

发票取得过程中存在的风险 / 156

发票开具的要求与税率 / 158

开票必须做的备注 / 159

发票丢失立即上报 / 163

谨防不合规发票 / 165

不可以开具专用发票的几种情况 / 167

虚开发票要不得 / 169

虚开发票的法律风险 / 171

真实的业务交易也要严防虚开发票 / 174

预防发票走逃风险 / 176

全面数字化的电子发票 / 178

第十二章　合同设计中的税收问题 / 180

合同与业务及税收的关系 / 180

合同主体与合同条款中隐藏的风险 / 181

合同设计与发票开具相匹配 / 182

纳税义务发生时间的涉税条款设计 / 183

巧签合同降低税负 / 185

改变业务模式可以合理筹划税务 / 186

第十三章　业税协同税收规划 / 188

股权结构搭建的税务筹划 / 188

固定资产投资的税务筹划 / 190

无形资产投资的税务筹划 / 192

企业负债融资的税务筹划 / 194

企业之间资金拆借的税务筹划 / 198

企业采购业务增值税务筹划 / 200

不动产进项税额抵扣的纳税筹划 / 201

利息费用的税务筹划 / 203

人工成本的税务筹划 / 208

老板薪酬的税务筹划 / 210

企业销售业务增值税筹划 / 212

不同销售方式的税务筹划 / 214

混合销售行为的税务筹划 / 216

兼营不同税率业务的税务筹划 / 217

利用产业正常进行税务筹划 / 219

第十四章 税务稽查与应对策略 / 223

哪些行为容易引起税务稽查？ / 223

税务稽查的程序 / 225

税务部门稽查的方法 / 227

对银行账户的涉税检查 / 230

公司账号长期没有任何资金往来而公司存在业务运营情况下，如何应对税务稽查 / 230

企业自查补税的认定 / 232

税务稽查案例分析 / 233

第十五章 企业税收管理体系建设 / 236

没有规矩，不成方圆 / 236

没有系统，管理不精 / 237

涉税制度设计基本理念 / 240

涉税制度设计的原则 / 240

涉税制度的体系框架 / 241

上篇 财务

第一章 顶层设计：从财务角度看企业管理

财务管理与企业价值链的关系

企业价值链的概念由哈佛大学商学院教授迈克尔·波特提出，具体含义为：以企业内部价值活动为核心而形成的价值体系。

波特认为："每一个企业都是在设计、生产、销售、发送和辅助其产品的过程中进行种种活动的集体，所有这些活动可以用一个价值链来表示。"❶

波特将这些活动分为两大类，一类是基本活动，包括生产、销售、服务等；另一类是辅助活动，包括采购、研发、物流等。但这些活动并非企业价值链的全部内容，波特将上述活动合并为"主要活动"，为了使企业价值链真正运转起来，还需要支援活动，包括财务管理、人力资源管理、基础架构等（图1-1）。

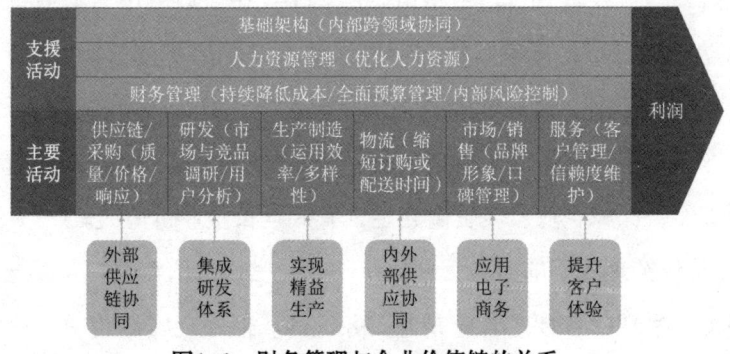

图1-1 财务管理与企业价值链的关系

---

❶《企业获得竞争优势的有效工具是什么？》，腾讯网，2021年11月29日。

各企业因为所处行业不同、所处发展阶段不同、所处成长环境不同，在企业价值链搭建方面并不相同，需要结合自身实际情况。但万变不离其宗，该有的"主要活动"和"支援活动"是不能少的。

比亚迪公司的价值链活动分为生产活动（主要活动）和支持活动（支援活动）。生产活动包括进料、生产、装配、销售和售后等；支持活动包括企业基础设施、人力资源、技术开发、采购等。比亚迪公司将技术开发和采购放在支持活动中，而生产活动比图1-1相应内容多了装配。每个环节中都进行了明确的分工和管理，形成了一套完整的产业链，有序推进企业发展。

财务管理与企业价值链之间的关系可以通过价值链理念的产生与作用两部分的讨论展现：

1. 价值链理念的产生，是企业管理发展的必然结果

企业经营的根本目的是实现企业价值最大化。企业价值受各价值要素的驱动影响，如资本投入、流程设定、技术开发、用户群体、渠道搭建、销售模式、品牌管理等企业生产经营的各个环节。

价值链理念的产生，是企业管理发展的必然结果。企业要提升自身价值，就必须全方面提升价值链价值。从图1-1中可以看出，财务管理排在支援活动的第三位，托举其他类支援活动，又距离主要活动最近。因此，企业价值链的扩展与财务管理的关系最为密切。企业必须整合好研发、市场、生产、销售、财务、人力等各种资源，做好计划、协调、控制和监督等各项工作，保障企业发展资金充足，有效延长企业价值链。

2. 价值链理念下的财务管理提供支撑，实现价值创造

图1-1呈现的各项内容应是齐头并进的。但在现实经营中，很多企业管理者犯了厚此薄彼的错误，重视主要活动，轻视支援活动，认为只有主要活动才能实现价值创造。但企业价值链告诉我们，实现价值创造是整个

价值链系统工作产生的结果，价值创造的效果如何取决于价值链系统中各环节配合的成熟度。

传统财务管理将业务与财务割裂，将重点工作放在已经发生交易的报告处理和控制上，忽略了企业的长远发展与价值增值。而价值链理念下的财务管理则通过对整个价值链进行分析规划，选择价值最大化的运营模式，发挥优势聚合资源，支持业务实现价值创造，因此财务管理是企业价值链管理的重要组成部分。

企业价值链管理就是以企业价值为核心，以企业价值增值为导向，这种管理方式能够帮助企业管理者突破"利润至上"，从财务角度通过整体价值最大化重新认识企业管理，谋划最佳发展布局。

财务管理如何影响企业战略

战略在于布局，在于取舍。良好的财务管理能让决策者站在高处俯瞰整个企业运营格局，精准取舍，谋划最佳布局，支持企业良性运转，降本增效，实现目标。财务管理涉及资产购置、资本融通和资金流量和利润分配的管理，通俗地理解就是企业财务管理能使管理者全面了解企业的钱花在了哪里、收益如何、管理效果等。企业管理者如何制定财务规划、组织财务活动、处理财务关系，对企业战略有极重要的影响。财务管理为企业战略的制定提供理论基础，企业战略是管理者在有效财务管理的基础上结合企业的实际经营情况制定出来的，因此制定合适的企业财务规划，也就是做好财务管理，企业才有讨论战略的基础。

在商业风云变幻的当代，反应迟钝"后知后觉型"财务管理已经落伍，企业需要的是能够适应市场变化的先知先觉的战略型财务管理。战略型财务管理要求企业主动去适应市场环境，通过所了解的外部环境变化，设计企业新的发展规划；通过使用掌握的各方资源满足客户的核心需求；通过战略调整，提高产品品质和客户满意度，赢得更大的市场发展空间。

在这个过程中，财务部门要扮演多种角色，如业务部门的"合作伙伴"、诊断企业绩效的"医生"、帮助企业制定经营目标的"军师"、企业决策方向的"指引者"等（图1-2）。

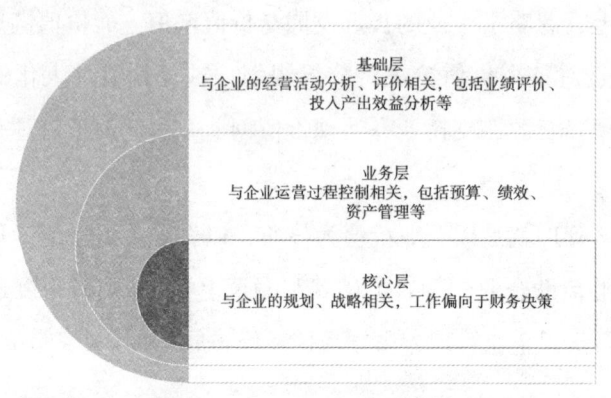

基础层
与企业的经营活动分析、评价相关，包括业绩评价、投入产出效益分析等

业务层
与企业运营过程控制相关，包括预算、绩效、资产管理等

核心层
与企业的规划、战略相关，工作偏向于财务决策

图1-2　战略型财务管理的三个层次

战略型财务人员的核心工作仍是财务管理，但其同时需作为企业的战略支持者存在。因此，对战略型财务人员的能力要求更为全面，不仅要具备专业的财务知识，还要提升对企业战略管理的认识。

在企业战略实施过程中，有效的财务管理不仅能保障企业战略的正确实施，还能为企业源源不断提供能量。财务管理对于企业战略的影响主要表现在战略财务和财务战略两个方面。

战略财务是指企业将长期目标（包括财务目标、客户目标、内部流程目标等）和行动计划转化为财务预测模型，在不同的经营、投资和筹资的预设条件下，模拟和分析得出单个目标企业或集团的盈利、资产负债和现金流量情况。并且以不同的企业价值评估方法对企业和股东价值进行评估，以便企业高层管理者分析判断不同战略对企业财务长期的影响，最终选择对企业具有最佳财务效果的战略方案。

财务战略是指为实现企业资金均衡有效流动、企业整体战略有效实施、增强企业财务上的竞争优势，在分析企业内外部环境因素对资金流动影响的基础上，对企业资金流动进行全局性、长期性与创造性的规划，以确保实现财务目标。

企业管理者通过企业的经营盈利能力、现金创造能力、价值创造能力、风险控制能力等方面的分析，了解企业处于上升通道还是下降通道，竞争力是增强了还是减弱了；利用负债政策、股份分配政策、投资政策等分析和评价企业的财务政策，进一步明确哪些调控措施能帮助企业持续健康发展。这是战略财务在财务管理中的具体意义。

企业管理者从如何筹资、如何降低成本、如何制定和调整企业财务政策、是否需要进一步调整财务政策等多个方面，判断企业当前的财务政策是否合适，是否有必要修正。这是财务战略在财务管理中的具体意义。

企业管理要求管理者必须有能力通过企业的实际发展和财务业绩，判断出企业当前的经营状况。有效的财务管理能使企业战略最大限度符合企业实际发展需要，帮助企业在发展过程中规避更多财务风险和经营陷阱。

以始为终，从财务维度管理企业

很多企业管理者不能理解财务和业务的关系，认为两者是不相关的，财务不影响业务，业务也不影响财务。但实际经营中却恰恰相反，业务和财务之间是因果关系，更是相互支撑的关系。两者可互为因果，想要得到好的"果"，就必须管理好"因"。财务管理是企业经营管理（业务管理）的基础，能够为企业各项业务的发展提供支撑。企业经营（业务经营）是财务运作的保障，能够让企业财务规划更加从容。

财务管理推动企业的业务经营，业务经营又影响着财务管理的结果，两者融合对企业发展有着非常重要的意义。但两者的结合在现实中并不容易，甚至是充满困难，下面以财务部门视角和业务部门视角分析两者相融的难点（图1-3）。当我们了解了各种困难后，作为企业管理者，就能够理解从财务维度管理企业的巨大价值。

财务部门视角下财务管理与业务管理融合的难点	业务部门视角下财务管理与业务管理融合的难点
★财务部门定位不明确 ★业务部门比较强势，不配合财务部门工作 ★财务部门无法及时得到业务信息	★财务部门阻碍业务部门展开工作 ★财务部门人员能力欠缺，无法对业务部门形成助力 ★财务部门过于强势，影响业务部门正常工作

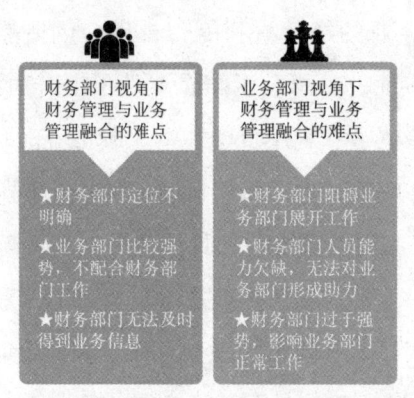

图1-3　财务管理和业务管理融合的难点

1. 在财务部门视角下，财务管理与业务管理融合的难点

（1）企业管理层对财务部门的定位不明确，或定位在传统的会计核算层面，或定位为企业组织的一个辅助部门。

（2）在企业的经营管理中，企业的组织、运营、发展都围绕业务部门展开，企业的资金、人员和资源都向业务部门倾斜，导致业务部门处于强势地位，财务部门处于弱势地位。再加上业务人员因为缺少财务知识，不能理解财务管理的重要性，进一步导致业务部门不能主动理解财务部门的工作，甚至不愿意主动配合。

（3）财务部门管理信息系统与其他部门管理信息系统没有集成，即财务部门与业务部门是相互独立的，部门间数据难以融合，出现"孤岛现象"，财务部门"躲在"企业的后方很难及时得到业务信息。

2. 在业务部门视角下，财务管理与业务管理融合的难点

（1）业务部门在与财务部门融合的过程中，财务部门的各种管理和控制不仅没有发挥促进作用，反而阻碍了业务部门的工作开展。但这并不意味业务部门不该与财务部门融合，而是要注意方法：①双方应该以彼此尊重为前提进行融合；②融合要循序渐进，不能急于求成。

（2）财务部门人员的综合能力欠缺，虽然具备专业知识，但并不懂企

业经营的战略和业务，如同"账房先生"，只能执行单纯的工作任务，如记账、报销、出报表、报税等。财务部门人员因为不具备综合能力，在与业务部门融合时，就无法根据企业的业务经营情况做好分析、预算和决策等工作，更无法取得业务部门的信任。

（3）在一些已经业财融合的企业中，由于财务部门表现得过于强势，让业务部门产生了"财务部门是企业派来监视我们"的不适感，导致业务部门与财务部门的合作不顺利。

从财务维度上管理企业，就是要同时做好财务管理与业务管理，且让两个部门在工作的融合中产生 1+1 > 2 的实际效果。

利用财务管理支持企业运营

说到企业运营，一些企业管理者会很自然地想到业务范畴，如生产、研发、调查了解市场、销售、物流、服务等，很难在第一时间想到财务管理。但在理论界，现代企业管理有一个长期被认同的比喻，即财务犹如企业机体的血液。合理的财务如同人体血液中储藏着的各种养分，"血液"通过各种用途的"血管"被输送到企业生产经营中有资金需求的各个部位。因此，企业机体能否保持长久强健，对资金运作过程中各个环节进行有效的管理是必不可少的。

通过合理有效的财务管理实现企业健康发展的案例有很多，有启发但对大家难有触动，在这里为大家讲述一个失败的财务管理对企业造成的毁灭性作用。

1987年6月，郑州市百货公司和郑州市钟表文化用品公司合并组建成立郑州市百货文化用品公司。并于次年12月组建为股份制试点企业。

1992年7月，经郑州市经济体制改革委员会批准，郑州市百货文化用品公司更名为"郑州百文股份有限公司（集团）"，以下简称"郑百文"。

1996年，郑百文上市。次年就成为沪深股市"主营业务规模与净资产收益率行业第一"的公司，进入中国上市公司100强、全国最大批发商100强，每股盈余0.448元。郑百文董事长、法人代表李福乾获得全国"五一劳动奖章""全国劳动模范""全国优秀企业家"等称号。

1997年年底，郑百文出现经营亏损。李福乾在听取总经理卢一德、财务处主任都群福汇报公司1997年年度经营亏损，并看到1997年年底第一次汇总的财务报表也显示亏损的情况下，召开会议，要求财务报告不显示亏损。为顺利通过审计，卢一德赴四川与上游厂家签订了两份虚提返利1897万元的协议，一份是当年实际返利金额协议，另一份是补充返利协议。郑百文通过采取虚提返利、费用跨期入账等手段，编制虚假财务报表，虚增利润8658万元。

1998年年初，郑百文总部为其家电分公司制定了年销售额达80亿元的目标。为达到销售目标，郑百文在全国各地建立经销处，规定销售额达到1亿元的经销处经理可享受公司副总经理的薪资加福利待遇。各经销处经理不惜采用购销价格倒挂、依赖银行信用等模式，盲目降价以提升销售额。

经过持续的不顾一切地不良运作，1998年7月，郑百文"顺利"实施配股方案，筹集配股资金1.5亿元。但就在这一年，郑百文已经是处于巨额亏损状态，股东权益（包括配股资金）当年即损失98.79%。经营已经举步维艰，巨亏的窟窿再也包不住了，郑百文才无奈公布了重大亏损的实情，创造了业绩每股净亏2.54元的中国股市最差纪录。

经有关部门核查，郑百文1999年资产为6亿元，亏损15亿元，负债25亿元。四年后，经过一系列复杂的谈判，郑百文被三联商社重组，恢复上市。❶

这是一个极迅速地由盛转衰的例子，一年前还取得各种评比的第一，

---

❶《郑百文案例分析》，MBA智库官网，网站文档。

入选各种百强名单，一年后就成了沪深股市当年亏损最大的公司。

历史总是不断重复着兴衰更替。前有郑百文由盛转衰，今天也有很多曾经发展很好的企业资金链暴雷，这么多曾经高歌猛进的企业的兴衰教训，值得人们深思。企业战略失误、经营不当、环境变化固然有原因，但根本原因则是冒进的财务管理和盲目扩张，在企业财务风险已显之时未能及时醒悟，未能有效地防范和化解财务风险。业务扩张固然能让企业快速辉煌，但财管失策也能让企业快速崩溃，经验教训告诉我们，企业管理不能重业务轻财务；重资本运作布局，轻财务风险防范，高杠杆，猛扩张，有几人逃脱了失败的结局（图1-4）。

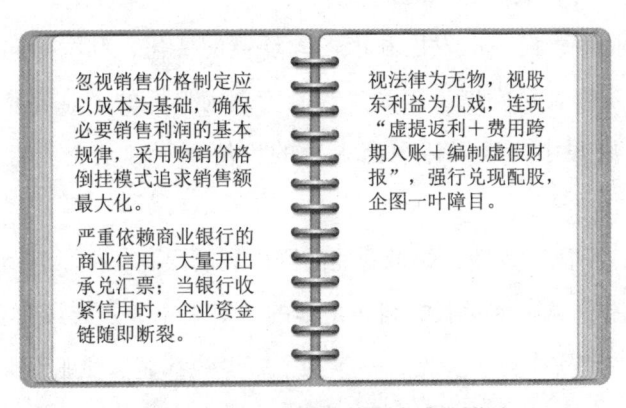

图1-4　郑百文财务管理失败的原因

五个财务管理新理念

财务管理是企业价值链中非常重要的一环，也是企业运营的重要支撑者，企业管理者必须在财务管理的基础上管理企业。因此，当企业经营发展的大环境发生变化，财务管理也应相应做出调整。作为企业管理者，我们必须了解新的趋势和变化，以适应市场及企业的变化和发展。

财务管理的变化是将旧概念革新为新概念，从资产、股利、资本流动、长短期利益、风险管理五个方面体现（图1-5）。

11

```
利润导向 ─────────→ 现金导向
每股盈余导向 ─────→ 每股经营性净现金流入导向
流动比率管理导向 ──→ 营运资本管理导向
利润最大化导向 ────→ 企业价值最大化导向
被动风险管理导向 ──→ 主动风险管理导向
```

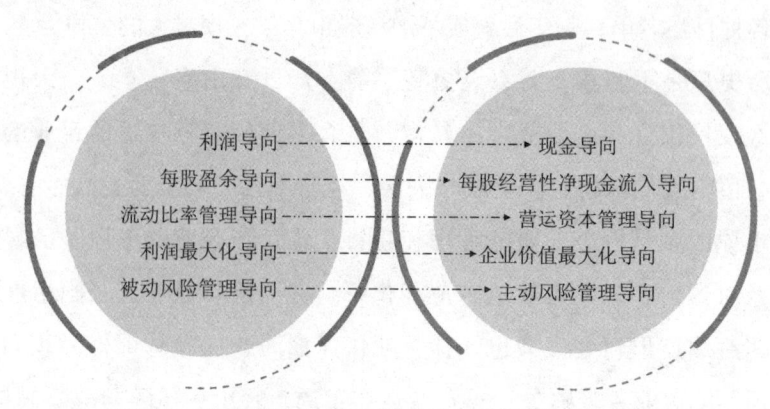

图1-5 企业管理者必须建立的五个财务管理新概念

1. 从利润导向到现金导向

随着企业经营模式的发展和市场大环境的变化，利润导向型的企业越来越难以获得长足发展，因为以利润管理为目标的企业容易陷入追求眼前利润的局限中，难以体现出更大的价值，不利于企业自身的价值增长。

但利润并不代表成绩，如果企业的账面利润很高，但日常运营却没有足够的现金流，说明所赚取的利润是虚的，对于企业发展没有实际意义。这样的企业在现实中并不少见，一年赚了多少钱都显示在账面上，实际经营却因为现金流不通畅而举步维艰。

企业管理者须确立"现金为王"的财务管理新理念，合理运用现金流和科学评价企业的现金流能力，了解企业当前的现金流状况，为企业价值创造和长期发展提供最大支撑。

2. 从每股盈余导向到每股经营性净现金流入导向

每股盈余也称为"每股税后利润""每股盈利"，是税后利润与股本总数的比率。每股盈余导向的优势在于通过衡量普通股的获利水平和投资风险，了解企业的经营成果，进而评价企业的盈利能力。但因为考虑到资金的时间价值和风险价值，容易导致经营行为短视化。

为了弥补这一缺陷，将企业经营拉回长期目标上，企业管理者须树立"每股经营性净现金流入导向"的财务管理新理念。净现金流量越大，企业的偿债能力越强。经营性净现金流量越通常，企业的财务状况越好。

3. 从流动比率管理导向到营运资本管理导向

流动比率是流动资产对流动负债的比率，企业管理者可以此判断企业的偿债能力，但无法评估企业未来的资金流量，因为它不能反映企业资金融通状况，同时表现出应收账款的偏差性等缺点。无数事例证明，流动比率高的企业并不一定有强偿债能力，因为一些企业的资产负债结构不合理，营运流动资金不足。

这就引出了"营运资本管理导向"的新概念，现代企业管理者必须始终践行遵循该导向，在关注流动资产和流动负债的同时，弥补流动比率管理导向的缺点，还能控制存货、应收账款和预付款的风险。

4. 从利润最大化导向到企业价值最大化导向

此与"从利润导向到现金导向"有相近之处，都是要摒弃单纯的利润追逐。因为利润虽然关联企业的盈利能力，但存在追求短期利益的陷阱。

时代的发展要求现代企业管理者必须坚持企业价值最大化导向的财务管理新概念，格局放大，眼光放远，充分维护品牌美誉度，会更有利于实现企业利益价值最大化。

5. 从被动风险管理导向到主动风险管理导向。

被动风险管理是哪里出现问题，管理再跟到哪里，企业各级管理者成为"救火队长"，但管理风险仍然频频发生，甚至会愈演愈烈。主动风险管理是先于风险架构管理，防患于未然，在风险尚未出现或仅是萌芽状态时，就被压制或灭于无形了。

现代企业管理者须时刻谨记以主动风险管理为导向，积极地通过经营管理让企业的营业收入、经营净现金、税后利润保持增长；同时严控风险，做到料风险于先，让企业在激烈的市场竞争中始终立于不败之地。

必须具有财务目标

前文提到的郑百文案例不仅在财务管理方面具有代表性，在财务目标方面同样具有代表性。郑百文将产值最大化作为财务目标，最终导致企业走向覆灭。因为销售只是企业运作过程中的一个环节，制定销售价格必须建立在预期利润确定的前提下。但郑百文只顾产值目标，将企业的经营目标和发展规划抛诸脑后，忘记了企业经营的基本目的是生存，然后才是获利和发展。企业要生存、获利和发展，就必须保持足够强的偿债能力，保持各种资源合理配置，确立健康的财务目标。

企业财务目标随着企业经营发展而不断变化，从最初的利润最大化过渡到股东财富最大化，再到企业价值最大化。但并非只存在企业价值最大化这一种财务目标，股东财富最大化和利润最大化仍然有不小的存在基础。下面我们将这三种财务目标详细阐述，企业管理者应根据企业的实际情况，确立、随时调整或变更企业的财务目标。

1. 利润最大化

在中、小微型企业的经营模式中，利润最大化通常被列入企业的财务目标。利润代表了企业新创造的财富；利润越多，说明企业的财富增加得越多。

虽然利润最大化强调了资本的有效利用，但也存在明显的缺点，可概括为四点：①未考虑利润的实现时间；②未考虑资金的时间价值；③未考虑企业获取利润所承担的风险；④未考虑企业为追求短期利润而忽视长期发展的可能性事实。

2. 股东财富最大化

股东是企业权益资本的投资者，是企业的所有者，股东创办企业的目的是扩大财富,因此股东成为财务目标的主体,应通过财务上的合理经营,为股东带来最大化的财富。

股东财富最大化考虑了资金的时间价值和风险因素,能在一定程度上避免企业因追求短期利润而出现的短视行为。但现在企业的投资主体多元化,股权投资比例最高的股东拥有企业的经营和财务控制权,很可能演变为"控股股东财富最大化",中小股东的利益极可能遭受损失。

3. 企业价值最大化

企业价值是指企业的市场价值,企业价值最大化是企业对来源于各种资本所形成的资产进行最有效的配置和最合理的运用。上市公司的市场价值由公司发行的股份数与股票市价的乘积确定;非上市公司的市场价值通常是企业总资产的价值,包括权益资本和债务资本。

企业价值最大化能否达成,需要借助一系列价值驱动因素来实现,包括业务范围模式、产品提供模式、资源嵌入模式(图1-6)。

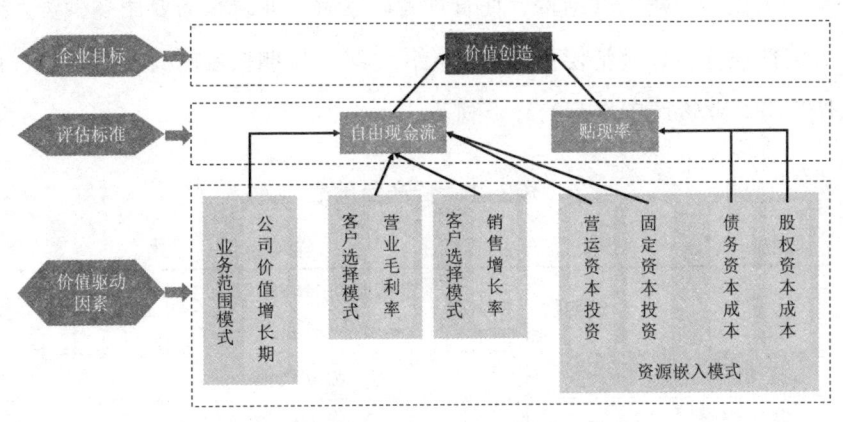

图1-6 企业价值最大化的价值驱动因素

第二章 财务报表——企业"无声的语言"

资产负债表——企业的投影仪

资产负债表反映企业在某一特定日期的资产、负债及其所有者权益规模和构成等财务状况的会计报表（表2-1）。资产负债表可为企业管理者判断企业经营状况和财务状况提供三项帮助：①呈现某一日期资产的总额及其结构，使管理者能了解企业拥有或控制的资源及其分布情况；②呈现某一日期负债的总额及其结构，使管理者能了解企业未来需要用多少资产或劳务清偿债务，以及清偿债务的时长；③某一日期权益所有者的权益，代表所有者企业资产中享有的经济利益。

表2-1 资产负债表

编制单位：×××公司　　　　日期：　　　　　　金额单位：万元

资产	年初数	期末数	负债及所有者权益/股东权益	年初数	期末数
流动资产			流动负债		
货币资金			短期借款		
交易性金融资产			交易性金融负债		
应收账款			应付账款		
应收票据			应付票据		
应收股利			应付股利		
应收利息			应付利息		

续表

资产	年初数	期末数	负债及所有者权益/股东权益	年初数	期末数
预付款项			预收款项		
其他应收账款			应交税费		
存货			应付薪酬		
其他流动资产			其他应付款		
流动资产合计			其他流动负债		
			流动负债合计		
非流动资产			非流动负债		
可供出售金融资产			长期借款		
持有至到期投资			应付债券		
长期应收款			长期应付款		
长期股权投资			递延所得税负债		
投资性房地产			其他非流动负债		
固定资产			非流动负债合计		
在建工程			负债总计		
长期待摊费用			所有者权益/股东权益		
无形资产			实收资本/实收股本		
递延所得税资产			资本公积		
其他非流动资产			盈余公积		
非流动资产合计			未分配利润		
资产总计			所有者权益/股东权益合计		
			负债和所有者权益/股东权益总计		

资产负债表左边的资产是资金在企业使用后形成的各项具体形态；资产负债表右边的负债和所有者权益/股东权益代表资金的两种来源，负债是债权人借入的，所有者权益/股东权益是权益资本投资者投入的或企业利润留存。

1. 资产

企业拥有或控制的各种资源都是企业的资产。企业资产分为"流动资产"和"非流动资产"，其中非流动资产又分为长期投资类资产、固定资产类资产、无形资产类资产等。

（1）"流动资产"是指在一年内变现或者耗用的资产，包括货币资金、交易性金融资产、应收款项与预付款项、存货等。具体内容如下：①货币资金是以货币形态存在的资产（流动性最强），包括现金、银行存款、其他货币资金；②交易性金融资产是能够随时变现且不准备长期持有的投资（可提高闲置资金使用效率），包括股票、债券、基金、期货等；③应收款项和预付款项是企业日常生产经营过程中的各种债权，包括应收票据、应收账款（反映企业与客户之间的往来款）、其他应收款（企业与员工之间的借款）和预付账款等；④存货是企业在日常生产经营过程中持有的以备出售的产品，或仍处在生产过程中将要完成的半成品，或在生产或提供劳务的过程中将要消耗的各种材料。

（2）"长期投资"是指准备长期持有的投资，包括各种股权投资、债券投资、并购投资和其他长期投资等。如某钢铁厂在设备更新换代时遇到资金问题，企业可对该钢铁厂进行股权投资，以占股方式长期获利。

（3）"固定资产"是指企业以生产商品、提供劳务、出租或经营管理为目的而拥有的，具有实物形态的非货币性有形资产。固定资产通常为使用年限超过一年，且单位价值较高的主要劳动资料，包括房屋、建筑材料、机械设备、运输工具等。分析一项固定资产是否可列入资产负债表，要看该资产与企业规模的对应比例，如一台万元的计算机对于资产数亿的企业来说，可以不计，但对于资产仅几万的企业来说，必须要计入。

（4）"无形资产"是指企业以生产商品、提供劳务、出租或经营管理为目的而持有的没有实物形态的非货币性长期资产，包括专利权、非专利技术、商标权、著作权、土地使用权、特区经营权等。

2. 负债

负债是由企业过去的交易或事项形成的，预期会导致经济利益流出企业的现时义务。企业负债需要满足两个条件：①接受与该义务有关的经济利益很可能流出企业；②未来流出企业的经济利益的金额能够可靠地被计量。企业负债分为流动负债（短期负债）和非流动负债（长期负债）。

（1）"流动负债"是指将在一年内偿还的债务，包括短期借款、应付票据、应付账款、预收账款、应付股利、应付利息、应付薪酬、应交税费、预提费用及将在一年内到期的长期借款等。流动负债形成主要有两种原因：①从金融机构借入短期借款；②经营过程中产生短期应付款项，如应付账款、应付工资等。

（2）"非流动负债"是指偿还期在一年以上的负债，包括长期借款、应付债券、长期应付款等。非流动负债形成主要有五种原因：①从金融机构借入；②企业发行债券；③融资租赁方式租入固定资产产生长期应付款；④引进设备产生长期应付款；⑤为专项应付款等。

流动负债的偿还期短，但通常数额不大；非流动负债的偿还期长，但数额较大，还债压力大，因此两类负债有不同的还债压力。通常情况下，企业会保持适度的负债规模，用运营过程中的利润偿还流动负债，以"借新债还旧债"的方式偿还非流动负债。

负债是柄双刃剑，适度负债可帮助企业扩展资金来源渠道，弥补企业营运资金和长期发展资金的不足。但若负债规模过大，应付账款或短期借款较多，且经营活动不能产生预期的利润，企业的财务风险将会剧增。

3. 所有者权益/股东权益

《企业会计准则》❶中对所有者权益的解释是：企业资产扣除负债后，由所有者享有的剩余权益，又称为"股东权益"。所有者权益/股东权益分为投入资本和保留盈余两类，投入资本包括实收资本/实收股本（股份

---

❶ 由财政部制定，于2006年2月15日财政部令第33号发布，自2007年1月1日起施行。

公司称作"股本")和资本公积；保留盈余包括盈余公积和未分配利润。

（1）实收资本/实收股本是投资者按照企业经营章程或合同、协议的约定，实际投入企业的资本，投入它是企业注册成立的基本条件之一，也是企业承担民事责任的财务保证。因此，所有者投入企业的资本一般不得撤回。

（2）"资本公积"也叫"准资本"，是资本在企业运营过程中发生的增值，如资本/股本溢价（企业投资者投入的资金超过其在注册资本中所占份额的部分）。

（3）"盈余公积"指企业从税后利润中提取的公积金，包括法定盈余公积和任意盈余公积。具体解释为：①公司的法定盈余公积是按照10%的比例从净利润中提取，法定盈余公积累计额已达注册资本的50%时可以不再提取；②任意盈余公积主要是公司按照股东大会的决议所确定的比例从净利润中提取的资金。

（4）"未分配利润"是指企业留待以后年度中分配或待分配的利润，是从企业的净利润中提取盈余公积并向投资者分配利润后剩下的部分。

所有者权益/股东权益＝资产－负债（受企业每年的盈亏影响而增减）

衡量一个企业的价值，更多参考的是资产负债表上的所有者权益/股东权益数据。所有者权益/股东权益能起到稳定企业资本结构的作用，保留一定规模和比重的所有者权益/股东权益，能使企业避免陷入高负债的危机中。

通过上述讲解，我们已经能够概括出资产负债表在企业经营的作用，作为企业管理者要充分掌握，深刻认知：①企业历年的发展速度及资产分布是否合理；②企业的负债规模是否合适和财务风险等级；③企业的资本保值和增值的情况，以及对负债的保障程度。

利润表——企业的摄像机

利润表又称为"损益表",是反映企业在一定会计期的经营成果的会计报表(表2-2)。利润表可为企业管理者判断企业经营状况和财务状况提供四项帮助:①展现一定期间企业的利润构成,能看出企业从经营活动和非经营活动中分别取得了多少利润,用以判断企业盈利能力的持续性如何;②显示一定期间企业收入与成本的信息,通过将收入与成本匹配,计算企业的毛利率,用以判断企业的利润空间;③从管理费用、财务费用和销售费用三项期间费用的趋势变化和比例来判断企业的管理水平;④从净利润反映企业生产经营活动的成果,从每股收益判断企业资本的保值、增值情况。

表2-2 利润表

所属时期: 年 月 日至 年 月 日

填表日期: 编制单位: 单位:元(填写至角分)

项目	本期金额	上期金额
一、营业收入		
减:营业成本		
税金及附加		
销售费用		
管理费用		
研发费用		
财务费用		
其中:利息费用		
资产减值损失		
加:公允价值变动收益(损失以"-"号填列)		
投资收益(损失以"-"号填列)		

续表

项目	本期金额	上期金额
其中：对联营企业和合营企业的投资收益		
二、营业利润（损失以"—"号填列）		
加：营业外收入		
减：营业外支出		
其中：非流动资产处置损失		
三、利润总额（损失以"—"号填列）		
减：所得税费用		
四、净利润（损失以"—"号填列）		
（一）持续经营净利润		
（二）终止经营净利润		
五、其他综合收益的税后净额		
（一）不能重分类进损益的其他综合收益		
1. 重新计量设定收益计划变动额		
2. 权益法下不能转损益的其他综合收益		
（二）将重分类进损益的其他综合收益		
1. 权益法下可转损益的其他综合收益		
2. 可供出售金融资产公允价值变动损益		
3. 持有至到期投资重分类为可供出售金融资产损益		
4. 现金流量套期损益的有小部分		
5. 外币财务报表折算差额		
六、综合收益总额		
七、每股收益		
（一）基本每股收益		
（二）稀释每股收益		

上表中，一共列出了七大项，其实很多利润表并没有"其他综合收益的税后净额"和"综合收益总额"两项，本书列出只是为了更完整地呈现利润表内容，故不对此两项多做解释。第三项"利润总额"通过计算"营业收入"和"营业利润"得出；最后一项"每股收益"是具体经营结果的

市场表现，无须进一步解释。我们需要详细阐述的是第一项"营业收入"、第二项"营业利润"和第四项"净利润"。

1. 营业收入

营业收入是企业通过经营活动获得的主营业务收入和其他业务收入，因经营活动具有很强的规律性，营业收入具有重复性和可预见性。

（1）"营业成本"是企业取得主营业务收入和其他业务收入所发生的成本额，如商业企业销售商品的购进成本、人工成本和租金成本等，再如制造业企业销售产品的采购成本、生产成本和人工成本等。企业管理者在分析营业成本时，需计算出各项成本明细所占的比重，并对这些明细比重的数据变化和增减进行辨别，以及时了解哪些运营成本的增加会影响总营业成本的增加。

（2）"税金及附加"是企业开展业务应负担的各种税费，包括消费税、城市建设维护税、资源税、土地增值税等。

（3）"销售费用"是指企业在销售商品的过程中发生的直接费用，如包装费、广告费、运输费、人工费（包括提成）等；还指为销售商品而专设的销售过程中发生的间接费用，如场地租金、装修费用等。

（4）"管理费用"是指企业为组织和管理生产经营所发生的费用，主要为行政部门的各项支出。

（5）"财务费用"是指企业为筹集生产经营所需资金而发生的间接融资费用，如利息费、差旅费等。

（6）"资产减值损失"是指企业各项资产发生的减值损失，包括应收账款可能发生的坏账损失、存货因过时可能发生的跌价损失等。

（7）"公允价值变动收益"是企业应当计入当期损益的资产或负债公允价值变动收益（公允价值变动收益只是账上盈利，投资收益是已经实现的收益）。

企业管理者在分析营业收入时，既要重点关注主营业务收入，也要关注成本支出。如果主营业务收入下降或成本支出增多，都会影响经营利润的高低。

2. 营业利润

"营业利润"是企业通过规律性经营行为形成的利润，在此基础上先加上营业外收入，再减去营业外支出，得到企业"利润总额"。一般情况下，如果企业的营业利润出现大幅增加，说明此时该企业盈利能力和偿债能力都较强，投资回报较高，企业价值在增加。

（1）"营业外收入"是指企业发生的与主营业务没有直接关系的各项收入，不具有持续性和可预见性，如政府补助、出售固定资产的净收益、接受捐赠等。

（2）"营业外支出"是指企业发生的与主营业务没有直接关系的各项支出，同样不具有持续性和可预见性，如罚款支出、出售固定资产的净损失、对外捐赠等。

3. 净利润

在"利润总额"的基础上扣除所得税后得到企业的"净利润"。股份有限公司的净利润按股本摊薄后的每股收益进行计算。

（1）"持续经营净利润"是指企业正常生产经营产生的净利润。持续经营的净利润是企业利润总额减去所得税费用后的余额，净利润是提取法定公积金、提取任意公积金和分配股东红利的基础。

（2）"终止经营净利润"是当期企业注销或终止经营时，截止到注销日的净利润。终止经营时就不存在利润了，只有实物资产、债权、货币和无形资产与负债，它们的差额是资本金。

现金流量表——企业的X光机

现金流是指企业在一定会计期间按照现金收付实现制，通过一定的经济活动（包括经营活动、投资活动、筹资活动和非经营性项目）而产生的现金流入、流出及其总量的情况的总称。通俗的解释是，企业在一定时期的现金和现金等价物的流入和流出的数量。

现金流量表是反映企业在一定会计期间的现金和现金等价物流入和流出的会计报表（表2-3）。现金流量表可为企业管理者判断企业经营状况和财务状况提供四项帮助：①了解企业获取现金和现金等价物的能力（企业的主体现金是经营活动产生的，还是向债权人借入的或是投资者投入的），并据此预测企业未来现金流量；②评价企业的支付能力、偿债能力和周转能力；③分析企业收益质量及影响企业现金流量的因素；④掌握企业经营活动、投资活动和筹资活动的现金流量，进而了解净利润的质量。

表2-3　现金流量表

编制单位：×××公司　　　　　时间：　　　　　　　金额单位：元

项目	本年金额	本月金额
一、经营活动产生的现金流量		
销售商品、提供劳务收到的现金		
收到的税费返还		
收到其他与经营活动有关的现金		
经营活动现金流入小计		
购买商品、接受劳务支付的现金		
支付给员工及为员工支付的现金		
支付的各项税费		
支付其他与经营活动有关的现金		
经营活动现金流出小计		
经营活动产生的现金流量净额		
二、投资活动产生的现金流量		
收回投资所收到的现金		
取得投资收益收到的现金		
处置固定资产、无形资产及其他长期资产收回的现金净额		
收到其他与投资活动有关的现金		
投资活动现金流入小计		
投资支付的现金		
购建固定资产、无形资产及其他长期资产支付的现金		
取得子公司及其他经营单位支付的现金净额		

续表

项目	本年金额	本月金额
支付的其他与投资活动有关的现金		
投资活动现金流出小计		
投资活动产生的现金流量净额		
三、筹资融资活动产生的现金流量		
吸收投资收到的现金		
取得借款收到的现金		
收到其他与筹资融资活动有关的现金		
筹资融资活动现金流入小计		
偿还借款本金支付的现金		
偿还借款利息支付的现金		
分配利润、股利支付的现金		
支付其他与筹资融资活动有关的现金		
筹资融资活动现金流出小计		
筹资融资活动产生的现金流量净额		
四、汇率变动对现金及现金等价物的影响		
五、现金及现金等价物净增加额		
加：期初现金及现金等价物余额		
减：期末现金及现金等价物余额		

现金流量表对资产负债表和利润表起到了补充说明的作用，有助于企业管理者更直观地掌握企业的经营状况。企业管理者在解读现金流量表时，要重点关注五个关键信息（图2-1）

图2-1 现金流量表的五个关键信息

根据表2-3可知，企业管理者要从经营、投资和筹资融资三个方面解读现金流量表，具体如下：

1. 分析经营活动产生的现金流入和流出

经营活动是指企业投资活动和融资活动以外的所有交易和事项。各企业由于所处行业不同、所处发展阶段不同、所处竞争环境不同，对经营活动的认知存在一定差异。

一家正处于成长期的企业，经营活动现金流量的流入应远大于流出，表明企业的产品或服务具有较强的变现能力，企业不仅能轻松支付经营活动中所需的各类资金，还有余力为企业进一步扩展经营规模提供资金来源。

2. 分析投资活动产生的现金流入和流出

投资活动是指企业构建长期资产（固定资产、无形资产、在建工程、其他持有期限在一年以上的资产等）的投资及其处置活动，用以判断企业对外投资的规模及该企业是否有扩建的趋势。

如果企业投资活动的现金流量为负数，大概率说明该企业正处于投资成长阶段；如果企业投资活动的现金流量为正数，说明该企业可能处于规模萎缩或战略调整阶段。如果企业构建固定资产的支出较大，那么该企业很可能处在快速扩张期；如果企业的现金流量净额主要来自投资活动，那么该企业的持续发展能力会受到质疑。

3. 分析筹资融资活动产生的现金流入和流出

筹资融资活动是指导致企业资本及债务规模和构成发生变化的活动。资本包括实收资本、股本和资本溢价、股本溢价；债务主要指对外举债，包括向银行借款、发行债券以及偿还债务等。

如果企业的现金流入主要源于企业的借款，那么该企业面临的偿债压力较大；如果企业的现金流入主要源于吸收的贷款，那么该企业面临的偿债压力较小。

识别三大财务报表中潜藏的风险

很多企业管理者对于财务的认识停留在表面,认为数据好看就等于企业经营得好,但实际情况却远非看表那样简单,单纯追求利润会透支企业未来,不考核现金流将导致只有账面利润。因此,企业管理者必须具备从财务报表识别企业经营风险的能力。

1. 识别资产负债表中潜藏的风险

资产负债表中可以集中体现企业经营风险的项是"应收账款""其他应收账款""存货""长期待摊费用",但并不表示其他项就不能提示经营风险,企业管理者要全面参考。

(1)应收账款风险:是销售出去的货物或提供的服务尚未收回的款项,是企业对客户的债权。应收账款项极易藏污纳垢,一些管理不善或者客户品质不良的应收账款永远都收不回来了,但财务人员又没有及时做冲销坏账的工作,使这部分成为坏账。企业管理者必须明辨,当企业的应收款项过多时,并非对企业有益,反而增加了形成坏账的可能性。企业死于坏账的例子比比皆是,假如企业的利润率是百分之十,坏账100万元待收应收账款就相当于利润损失100万元,要想挣回来这100万元,就得做1000万元的业务。如果坏账有500万元,那就相当于5000万元的业务白干了,要是坏账非常多,很可能企业就因此死掉了。所以,有些风险高的利润宁愿不挣,也不进行赊销。

(2)其他应收账款风险:属于资产负债表中的流动资产,企业间的资金拆借是形成"其他应收账款"的重要原因。资金拆借因不涉及商业贸易,不签订购销合同,不开具发票,出借人和借款人只是一般意义上的资金往来,容易面临长期不能收回的风险,从而成为产生坏账的重灾区,因而其被称为"资产垃圾筐"。如果未能及时冲销已经成为坏账的"其他应收账款",使这部分仍然搁置于流动资产行列,会导致企业产生资产虚高的现象。

（3）存货风险：从事商品生产和贸易的企业尤其要在意库存率,一旦库存超额,就会变成巨大的负担。如果企业管理者不能有效评估存货价值,这些存货的期末价值可能会很低。

（4）长期待摊费用风险：是企业产生的摊销期限在一年以上的各种预付费用的集合,虽然暂是资产,但其实是已经（必须）支出的费用。

2. 识别利润表中的风险

利润表中可以集中体现企业经营风险的项是"营业收入""营业成本""管理费用",但并不表示其他项就不能提示经营风险,企业管理者要全面参考。

（1）营业收入风险：显示产品在市场中的受欢迎程度,如果企业的营业收入出现严重下滑,说明企业经营遭遇危机,产品在市场中遭到冷遇；如果企业的营业收入长期停滞,说明企业发展遇到阻碍,市场开拓未能实现。

（2）营业成本风险：如果营业成本占比过高,企业管理者需对影响经营业绩的各方面进行调查,找出导致费用高起的主因,加以改进。一些企业在全力追逐利润时基本忽视了经营中的各项成本,成本虚耗的同时,利润也会降低。

（3）管理费用风险：如果管理费用占比过高,反映企业内部营运效率差,很可能是形式主义替代了实用主义,管理部门臃肿,效率低下,浪费严重。企业管理者需要时刻警惕这样的变化。

3. 识别现金流量表中潜藏的风险

现金流量表中的风险提醒主要来源于数据——净利润数据和现金流量数据,企业管理者必须认真关注。

（1）净利润：当企业的净利润＞0，且经营活动产生净流入时，说明企业的盈利能力强，并有其他投资活动；当企业的净利润＜0，且经营活动未能产生净流入时，说明企业的盈利能力弱。

（2）现金流量：如果企业经营活动产生的现金流量＞0，说明企业在经营过程中的现金流收支没有问题，企业经营状况良好；当企业经营活动产生的现金流量=0时，说明企业当前做到了收支平衡，短期无大碍，但长期则存在隐患，企业管理者需要找到针对企业经营现状的改进对策，否则有可能出现现金流＜0的不利状况；当企业经营活动产生的现金流量＜0时，说明企业在经营过程中的现金流收支出现了问题，甚至已经发生了入不敷出的情况，风险已在企业内部蔓延。

如何设计非专业人士看得懂的财务报表

大多数企业管理者并非财务专业人士，看不懂专业、繁复的财务报表。当财务人员将自己辛辛苦苦做的报表拿给老板看时，很多老板却看不懂。付出没有回报，就会打击工作积极性，但老板也很无奈，"我不是专业会计，看不懂那些专业术语和复杂的表格"。

责任在谁？当然是企业管理者，因为财务人员只是按照行业规定做好自己的工作，行业规定就是要做出专业性的财务报表，如果做得不专业，是不是有可能被认定为工作态度有问题呢？所以，企业管理者必须进行明确规定，要求财务人员向企业管理者和管理层人员提供他们能看得懂的财务报表，按照"简约、细致、易读"的原则，对财务报表进行简化或改编加工。具体可参考以下六个方法：

（1）对企业当下经营没有实际意义的项目直接删除；

（2）有用的项目能再做分解的就要分解；

（3）将难懂的财务术语改为易懂的商业俗语；

（4）能将项目具体化、直接用具体名称替代的，就直接用具体名称替代；

（5）金额用可以表示清楚的最大单位表示，如"亿元""万元""元"。

总而言之，制作财务报表的目的只有一个，就是给企业管理者和管理人员快速掌握企业经营现状提供帮助。我们看看某初创公司的一份资产负债表是如何让非专业人士也能看懂的（表2-4）。

表2-4　非专业人士也能看懂的资产负债表

编制单位：×××公司　　　　时间：　　　　　　　　　金额单位：万元

资产	年初数	期末数	负债及所有者权益	年初数	期末数
流动资产			流动负债		
货币资金			乙客户应付账款		
甲客户应收账款			丁客户应付账款		
乙客户应收账款			应交税费		
丙客户应收账款			应付薪酬		
丁客户应收账款			流动负债合计		
应收票据			非流动负债		
X商品库存			长期借款		
Y商品库存			长期应付款		
Z商品库存			非流动负债合计		
流动资产合计			负债总计		
非流动资产			所有者权益		
固定资产原值			实际投资		
累积折旧			利润积累		
固定资产净值			未分配利润		
非流动资产合计			所有者权益合计		
资产总计			负债及所有者权益总计		

在上表中，存货被分解成了三种具体的物资产品分别记录；应收账款和应付账款名称也被直接写上客户名称。

31

如何建立定期财务报告体系

财务管理对于企业不是一时工程，而是永远不可停歇的长远工程。财务管理最为核心的目的是在战略层面预防企业出现财务风险或者在初期阶段将财务风险及时消除。

财务风险、战略风险和经营风险并称为企业经营发展过程中的"三大杀手"，任何一个躁动起来，都将对企业造成致命伤害。本书讲述财税知识，因此我们多讨论财务风险，但作为企业管理者，我们要三方面齐抓，切勿厚此薄彼。

财务报告体系不仅包含会计准则制度要求的三大报表和文字说明，而且是决策分析管用的专业数据报表系统。

财务报告体系除了三大报表，还应该包括经营利润表、经营用资产负债表、盈利状况分析报告、纳税情况报告、负债综合分析表、收入结构分析表、成本结构分析表、客户账龄分析表、期间费用结构分析表等。（详见下列各表）

表2-5　经营用资产负债

编制单位：　　　　日期：　　　　金额单位：万元

资产项目	金额	备注	负债项目	金额	备注
现钞			银行借款		
银行存款			民生银行		
工行			民生利息		
农行			欠××的钱		
应收账款			王××		
客户A			欠×公司的货款		
其他应收款			×公司		

续表

资产项目	金额	备注	负债项目	金额	备注
A			未付工资		
存货			应交税款		
电瓶			增值税		
固定资产			所得税		
空调			其他		
保险柜			负债合计		
文件柜			实际出资		
打印机			A股东		
电脑			企业利润		
资产总计			权益总计		

表2-6 纳税情况报告

项目		各期纳税额度统计			
		增值税	企业所得税	×××	综合税负
税种税负	1月				
	2月				
	3月				
	4月				
	5月				
	6月				
	……				
涉税数据		毛利	毛利率	存货	周转率
	人数	人效率	能耗	能耗率	

表2-7 盈利状况分析

项目	项目一	项目二	项目三	…	合计
收入					
直接成本					
毛利					

续表

项目	项目一	项目二	项目三	…	合计
人工成本					
房租成本					
管理费用					
销售费用					
其他费用					
本期税金					
……					
项目利润					
占比					

表2-8　企业负债综合分析

负债项目	0—30天 金额	0—30天 付款日	31—90天 金额	31—90天 付款日	半年以上时间 金额	半年以上时间 付款日	合计
中国银行债务							
中行利息							
华夏银行债务							
华夏银行利息							
应付××公司							
应付××公司							
……							
应付工资							
应交社保							
应交增值税							
应交所得税							
应交××税							
应交房租							
其他项目							
合计							

表2-9　收入结构分析

序号	客户	产品A	产品B	产品C	产品D	…	合计
1	客户1						
2	客户2						
3	客户3						
4	客户4						
5	客户5						
6	客户6						
7	客户7						
8	……						
9	合计						
备注							

表2-10　客户账龄分析

客户名称	业务人员	未收金额	0-3个月		4-6个月		7-12个月		1年以上	
			金额	占比	金额	占比	金额	占比	金额	占比
合计										

表2-11 期间费用结构分析

单位名称： 　　　　　年　月　日　　　　　　　　　金额单位：元
复核： 　　　审核： 　　　制表人：

类别	费用明细	实际金额	费用标准	差异原因	备注
销售费用	业务宣传费				
	差旅费				
	招待费				
	办公费				
	运输费				
	销售佣金				
	销售提成				
	……				
	小计				
管理费用	工资				
	社保				
	福利费				
	培训费				
	办公费				
	摊销费用				
	水费				
	……				
	小计				
财务费用	账户管理费				
	利息费用				
	手续费				
	……				
	小计				
合计					

总之，企业一旦发生了财务风险问题，绝不是某一方面出了问题，而是企业整体从上到下、从内而外都出了问题。建立财务报告体系，不是建立一套财务人员汇总数据后向企业管理者汇报的体系，而是要建立一套有助于业务分析，能够进行事前防范、事中控制、事后复盘的综合性控制体系。

第三章　财务分析：翻出企业的"底子"

从变现能力看财务风险

企业在经营过程中一定会面临经营风险和财务风险，这是任何企业都无法彻底规避的两种风险，而企业能否规避风险根本在于是否能做到及时察觉、有效应对和全面总结。

企业出现经营风险通常是由于产品成本高、市场占有率低、管理效率差、发展战略错误等，可通过加强企业内部管理、开拓市场和新项目研发来纠正。

企业具有财务风险最明显的表现是不能偿还到期债务。应对财务风险，要求企业拥有足够的现金，而现金在不违背法律法规的情况下可通过各种渠道获得。面对财务风险是对企业变现能力的考验，而变现能力也是衡量企业财务风险等级的重要指标。

短期债务是企业最迫切需要偿还的债务，长期债务则可通过新的融资进行偿还，因此变现能力也被称为"短期偿债能力"。用来判断企业财务风险的指标为：流动比率、速动比率、现金比率。

1. 流动比率

流动比率＝流动资产÷流动负债

流动比率是衡量企业偿债能力的主要指标。一些企业管理者认为，流动比率高的企业一定比流动比率低的企业偿还短期债务的能力强。但现实中并非这简单，流动比率不是越高越好，因为流动资产不具有随取随用性，当企业的流动资产过多时，就会影响资产的使用效率。流动比率的最佳值为2。

2. 速动比率

速动比率 =（流动资产 – 存货）÷ 流动负债

其中"流动资产 – 存货"得到速动资产，该公式也可直接写成：

速动比率 = 速动资产 ÷ 流动负债

计算速动比率，需要先用流动资产减去存货，因为流动资产中存货的变现能力差。当存货积压价格或成本与预期售价之间存在较大差距时，就无法实现盈利，若再出现过期或存资损坏的状况，损失会更加严重。

因为速动资产比流动资产更易变现，所以用速动比率衡量企业的偿债能力更为精确。速动比率的最佳值为1，即存货占流动资产的一半左右。但并不意味只要是距离"值1"远的企业，就是有财务风险的，须因行业而异。有的行业就是需要经常保持一定比例的存货，有的行业则几乎不需要有存货。因此，作为企业管理者，需要结合企业的实际情况来考虑速动比率的值与企业运营情况的关系。

3. 现金比率

现金比率 =（货币资金 + 有价证券）÷ 流动负债

现金比率反映企业即时偿还流动负债的能力。现金比率越高，说明企业的短期偿债能力越强，现金比率一般认为是20%以上为宜。如果企业管理者发现现金比率偏低，说明企业的短期偿债能力不足，具有财务风险，应缩短收账期，加大应收账款催款力度。

从负债规模看资本结构

资本结构是企业各种资本的构成及其比例关系，如资产总额中负债的比重、负债和所有者权益的比例等。用来判断企业资本结构的指标为：资产负债率、产权比率、权益乘数、利息保障倍数。

1. 资产负债率

资产负债率 = 负债总额 ÷ 资产总额 × 100%

资产负债率又称"负债比率",反映债权人提供的资本占企业全部资本的比例,因此也叫"举债经营能力"。

企业的长期负债虽然可以"拆东墙补西墙"地偿还,但始终是需要清偿的,资产负债率反映了企业的长期偿债能力。对于资产负债的比例,债权人和股东因为所处位置不同,一般持有完全相反的看法。

债权人希望企业的资产负债率越低越好,这样企业还账就有了保障。但适度负债是企业快速发展的常规方式,不负债或负债率极低的企业的发展往往比负债的企业慢。

股东在企业的全部资本利润率高于借款利率的前提下,自然希望资产负债率越高越好,可以利用最高的杠杆实现企业的最快发展。但杠杆力度不能无止境地施加,负债率过高说明企业潜藏的经营风险大,一旦市场环境出现大的变化,高负债率很可能直接压垮企业。因此,资产负债的合理范围在 40%～60%,均值为 50%。当企业的资产负债率高于 60%,说明企业的财务风险趋向于大。

2. 产权比率

产权比率 = 负债总额 ÷ 所有者权益总额

产权比率是评估资金结构合理性的指标,反映股东所持股权是否过多(或者不够多)等情况,体现了企业借款经营的程度。

产权比率也是衡量企业长期偿债能力和企业财务结构稳健性的重要指标。它表明由债权人提供的和由投资者提供的资金来源的相对关系,反映企业基本财务结构是否稳定。产权比率的公认标准值为 1,其值越低,表明企业自有资本占总资产的比重越大,长期偿债能力越强(图 3-1)。

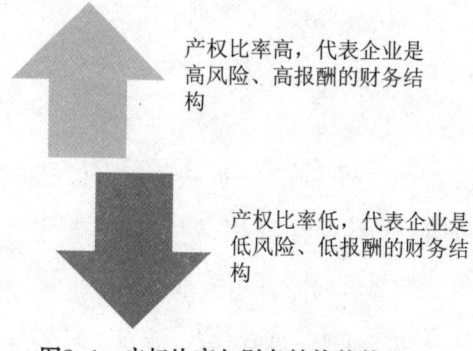

产权比率高，代表企业是高风险、高报酬的财务结构

产权比率低，代表企业是低风险、低报酬的财务结构

图3-1 产权比率与财务结构的关系

3. 权益乘数

权益乘数＝资产总额÷所有者权益或股东权益总额

权益乘数是杜邦分析法中的一个指标，又被称为"股本乘数"，反映企业财务杠杆的大小。权益乘数的最大值是1，因为所有者权益/股东权益的总额一定比企业资产总额小。权益乘数越大，说明所有者/股东投入的资本占企业全部资产的比重越小，财务杠杆越大，企业负债率越高；权益乘数越小，说明所有者/股东投入的资本占企业全部资产的比重越大，财务杠杆越小，企业的负债率越低。

4. 利息保障倍数

利息保障倍数＝（息税前利润总额＋利息费用）÷利息费用

利息保障倍数又称"已获利息倍数"，不仅反映了企业获利能力的大小，也反映了企业获利能力对偿还到期债务的保障程度。利息保障倍数越大，说明企业支付利息费用的能力越强。企业要维持正常偿债能力，利息保障倍数至少应大于1，且比值越高，企业长期偿债能力越强。如果利息保障倍数过低，企业将面临亏损，以及偿债的安全性与稳定性下降的风险。

在计算了过去几年的利息保障倍数后，应以计算结果最低的年份情况作为企业偿付利息能力情况的参考，因为利润高与利润低都需要偿付利息。

从利润"含金量"看盈利能力

盈利能力是企业赚取利润的能力，是企业生存发展的基础能力。用来判断企业盈利能力的指标为：销售毛利率、销售费用和管理费用率、营业净利率、营业收入现金比率、资产净利润率。

1. 销售毛利率

销售毛利率＝（销售收入－销售成本）÷销售收入×100%

只有拥有足够多的销售毛利，才能实现盈利。与销售毛利率相对应的指标是销售成本率，销售毛利率＋销售成本率＝1。

企业管理者在分析销售毛利率时应重点关注毛利率的变化原因，分作部门、产品、客户群、竞品差异、销售区域、销售人员等不同因素进行分析，找到盈利提升的因素和盈利降低的因素。

2. 销售费用和管理费用率

销售费用和管理费用率＝销售费用和管理费用总额÷营业收入×100%

销售费用和管理费用的占比可反映出企业的管理水平，占比越高说明企业管理水平越低，占比越低说明企业管理水平越高。

企业管理者在分析此项比例时，可将各项销售费用和管理费用与营业收入进行对比，形成不同的费用率指标，以分析各项占总收入的比重对营收的影响。还可以将各项不同的费用率指标分别与企业以前同期形成的同项指标进行比较，或者与企业所在行业的同项平均指标值进行比较，以了解企业的管理水平在行业内的地位。

3. 营业净利率

营业净利率＝净利润÷营业收入×100%

营业净利率又称"销售净利率"或"销售利润率"，简称为"利润率"，用来衡量企业营业收入给企业带来利润的能力。营业净利率较低，说明企业的经营活动没能创造出足够多的利润空间或没能成功地控制成本和各项期间费用；营业净利率较高，说明企业的经营活动创造出了足够的利润空间或成功地控制了成本和各项期间费用。因此，营业利润率或是反映企业的开源状况，或是反映企业的节流状况，或是同时反映开源与节流。

4. 营业收入现金比率

营业收入现金比率＝经营现金净流量÷营业收入

营业收入现金比率反映每1元销售额的净现金金额大小。如果用主营业务收入来计算，该指标反映企业主营业务收入背后现金流量的支持程度。营业收入现金比率越高，说明企业当期收入的变现能力越强；营业收入现金比率越低，说明企业虽然当期账面收入高，但实际现金收入低，有很大一部分形成了应收账款，此时企业管理者有必要关注债权资产的质量。

将主营业务收入带入后，公式变为：

主营业务收现比率＝主营业务现金净流量（销售商品、提供劳务等收到的现金）÷主营业务收入

该指标大于1，本期收到的销货现金大于本期的销货收入，不仅说明企业当期的销货全部变现，还表示收回了部分前期的应收账款，这种状况必对应"应收账款"下降。

该指标等于1，本期收到的销货现金与本期销货收入基本持平，说明企业的销货没有形成挂账，资金周转良好。

该指标小于1，本期收到的销货现金小于本期的销货收入，说明企业的账面收入高，但变现收入低，"应收账款"挂账增多，企业管理者须关注债权资产的质量。

5. 资产净利润率

资产净利润率＝净利润÷资产平均总额×100%

资产净利润率也称为"资产报酬率"或"资产收益率",用来衡量企业利用资产获取利润的能力,反映企业总资产的利用效率,即企业每单位资产能获得净利润的数量。资产净利润率越高,说明企业利用全部资产获利的能力越强;资产净利润率越低,说明企业利用全部资产获利的能力越弱。

资产净利润率与净利润成正比,与资产平均总额成反比。资产净利润率是影响所有者权益利润率的最重要指标,具有很强的综合性。

从营运能力看资产管理水平

营运能力是指企业的经营运行能力,即企业运用各项资产赚取利润的能力。用来判断企业营运能力的指标为:存货周转率、应收账款周转率、营业周期、流动资产周转率、固定资产周转率、总资产周转率。

1. 存货周转率

存货周转次数 = 销售成本 ÷ 平均存货

存货周转天数 =360÷ 存货周转次数

平均存货 =(期初存货 + 期末存货)÷2

存货周转率是一定时期企业销货成本与存货平均余额的比率,是反映企业销售能力和流动资产流动性情况的指标,也是衡量企业生产经营各个环节中存货运营效率的综合性指标。在存货平均水平一定的条件下,存货周转率越高,说明企业的销货成本数额越大,产品销售的数量越多,企业的销售能力越强;反之则说明企业的销售能力不强,企业要想办法增加产品销售数量,增强销售能力,必须在原材料购进、生产投入、产品销售、现金回收等方面做到协调和衔接。

存货周转率还可以衡量存货的储量是否合适,存货过少会造成销售紧张,存货过多会造成生产间断和库存积压,因此存货周转率处于正常范围将保证生产不间断地进行和产品有秩序地销售。

2. 应收账款周转率

应收账款周转率 = 当期销售净收入 ÷ 平均应收账款

应收账款周转天数 = 360 ÷ 应收账款周转率

平均应收账款 =（期初应收账款 + 期末应收账款）÷ 2

应收账款周转率是反映应收账款周转速度的指标，是一定时期内赊销收入净额与应收账款平均余额的比率。

应收账款周转率有两种表示：①应收账款在一定时期内（通常为一年）的周转次数；②应收账款的周转天数——即应收账款账龄。

在一定时期，应收账款周转次数越多，说明应收账款回收速度越快，企业管理工作的效率越高。不仅有利于企业即时收回账款，减少或避免发生坏账损失，而且有利于提高企业资产的流动性，提高企业短期偿债能力。

3. 营业周期

营业周期 = 存货周转天数 + 应收账款周转天数

营业周期是指从取得存货到销售存货并收回账款的时间。营业周期的长短是反映企业流动资产需要量的重要指标，一般情况下，营业周期短，说明资金周转速度快；营业周期长，说明资金周转速度慢。提高存货周转率，缩短营业周期，可以提高企业的变现能力——对应收账款和存货的管理更为有效。

4. 流动资产周转率

流动资产周转率 = 主营业务收入净额 ÷ 平均流动资产总额

流动资产周转率是反映企业流动资产周转速度的指标。在一定时期，流动资产周转次数越多，表明以相同的流动资产完成的周转额越多，流动资产利用的效果越好。

当流动资产周转率用周转天数表示时，周转一次所需要的天数越少，表明流动资产在生产和销售各阶段占用的时间越短，周转越快。按天数表示流动资产周转率，能更直接地反映企业的实际生产经营状况。生产经营任何一个环节上的工作得到改善，周转天数都会相应得到缩短。

5. 固定资产周转率

固定资产周转率＝营业收入÷平均固定资产净值

固定资产周转天数＝360÷固定资产周转率

固定资产与收入比＝平均固定资产净值÷销售收入

平均固定资产净值＝（期初净值＋期末净值）÷2

固定资产周转率也称"固定资产利用率"，反映企业固定资产周转情况，是衡量固定资产利用效率的指标。运用固定资产周转率时，需考虑固定资产净值因计提折旧而逐年减少或因更新重置而突然增加的因素；对不同企业进行分析比较时，还要考虑采用不同折旧方法对净值的影响等。

固定资产周转率表示在一个会计年度，固定资产周转的次数或者每1元固定资产支持的销售收入。固定资产周转率高，说明企业固定资产利用充分或固定资产投资得当，固定资产结构合理；固定资产周转率低，说明企业固定资产利用效率不高，提供的生产成果不多，企业的营运能力不强。

固定资产周转天数表示在一个会计年度，固定资产转换成现金平均需要的时间，即平均天数。固定资产的周转次数越多，则周转天数越短；固定资产的周转次数越少，则周转天数越长。

固定资产与收入比表示取得每1元销售收入需要的固定资产，主要用于分析厂房、设备等固定资产的利用效率，比率越高，说明利用率越高，管理水平越好。

6. 总资产周转率

总资产周转率＝营业收入净额÷平均资产总额

其中：平均资产总额的数值取自资产负债表，是企业资产总额年初数与年末数的平均值。

总资产周转率是反映企业总资产周转情况的指标，用来分析企业全部资产的使用效率。如果总资产周转率较低，说明企业利用全部资产进行经营的效率较低，最终会影响企业的获利能力，企业应采取措施提高各项资产的利用程度，从而提高销售收入或处理多余资产。

运用总资产周转率分析评价资产使用效率时，还要结合销售利润一起分析，并对资产总额中的非流动资产进行计算分析。

从资产质量分析企业"潜亏"

资产质量是指企业特定资产在企业管理的系统中发挥作用的质量，具体表现为变现质量、被利用质量、与其他资产组合增值的质量以及为企业发展目标做出贡献的质量等。

账面资产和实际价值很多时候是不一致的，资产可以贬值，负债不会贬值，所以资产是软的，负债是硬的。资产负债表中的资产有可能是不良资产，比如不堪使用的设备、没有提取坏账的应收账款、无票支出挂账的往来款、已经跌价的存货、不值钱的无形资产等，这些都是企业的隐形亏损。因此，必须对企业的资产质量进行深入分析，以找出那些导致"潜亏"的因素，在此列出四种常见的方法：

1. 资产结构分析法

资产分为流动资产、长期投资、固定资产、其他资产（含无形资产、递延资产）四大部分，每一部分资产又可进一步分成若干项目和明细。分析这些资产所占比重，能看出资产结构是否合理。

例如，分析总资产中流动资产与固定资产所占比重。如果固定资产比重偏高，会削弱营运资金的作用；如果固定资产比重偏低，企业发展将缺乏后劲。

再如，分析流动资产中结算资产和存货资产所占比重。如果结算资产比重偏高，容易产生不良资产，潜在财务风险较大；如果存货资产比重偏高，容易发生存货过剩积压，引发经营性风险。

资产结构分析只能从大概的比重看出风险端倪，还应采用多方面的比率分析法进行更详细地分析：

（1）总资产增长率。计算企业本年总资产增长额同年初资产总额的比率，以评价企业经营规模扩张的程度。

（2）固定资产成新率。计算当期平均固定资产净值同平均固定资产原值的比率，以评价固定资产更新的速度和持续发展的能力。

（3）存货周转率。计算企业一定时期销售成本与平均存货的比率，以评价存货资产的流动性和存货资金占用量的合理性。

（4）应收账款周转率。计算企业一定时期销售收入同平均应收账款余额的比率，以评价应收账款的流动速度，预测是否会产生坏账损失。

2. 现金流动分析法

现金流量信息能反映企业经营情况是否良好，资金是否短缺，资产质量的优劣，企业偿付能力的强弱等。如分别将经营活动产生的现金流量和总的净流量与主营业务利润、投资收益和净利润进行比较分析，就能分析判断企业财务成果和资产质量的状况。

若没有相应现金净流入的利润，其资产质量不是可靠的。如果企业现金净流量长期低于净利润，意味着其与已经确认为对应资产的资产可能属于不能转化为现金流量的虚拟资产；如果现金流量方面经常是支出大于收入，说明企业的资产质量处于恶化状态。

3. 虚拟资产、不良资产剔除法

将虚拟资产、不良资产从企业总资产中剥离出来后，再进行资产质量分析，实质上是对企业存在的实有损失和或有损失进行界定。

统计出虚拟资产和不良资产的账面值，然后进行分析：①把虚拟资产和不良资产之和同年末总资产相比，得出资产损失的程度；②将剔除虚拟资产、不良资产后的资产总额同负债相比，真实地反映企业负债偿还能力情况和经营风险程度；③将虚拟资产、不良资产之和同净资产比较，测试企业持续经营能力或者测试是否存在"资产泡沫"。

4. 资产同相关会计要素综合分析法

企业进行生产经营活动时，会计六大要素（资产、负债、所有者权益、收入、支出、利润）都在发生变化，因此分析资产质量应与会计要素的考虑相结合。具体方法如下：

（1）计算总资产报酬率。计算企业一定时期获得报酬总额（利润总额+利息支出）与平均资产总额的比率，以检查企业投入产出的配比关系与实效。资产质量越好，投入产出效能越佳。

（2）计算总资产周转率。计算企业一定时期销售收入同平均资产总额的比值。周转速度越快，销售能力越强，资产利用效率越高。

（3）计算流动比率。计算企业的流动资产同流动负债的比率，得出企业短期偿债能力情况。若流动资产小于流动负债，则反映出企业资产结构不合理。

（4）计算长期资产适合率。计算企业所有者权益与长期负债之和同固定资产与长期投资之和的比率，分析资产结构以测评企业长期资产与长期资本的平衡性与协调性。该指标大于等于100%时较好，即长期资本要大于长期资产。

第四章 预算管理：全方位保障业财融合

全面预算的重要性

预算用来分配企业的财务、实物及人力等资源，以实现企业既定的战略目标。企业可以通过预算来监控战略目标的实施，有助于控制开支，并预测企业的现金流量与利润。好的预算可以帮老板实现放权管理，解放老板，让老板腾出更多时间关注企业财税管理和战略管理。

全面预算可以反映企业未来某一特定时期（一般不超过一年或一个经营周期）的全部生产、经营活动的财务计划，以实现企业的目标利润为目的，以销售预测为起点，对生产、成本及现金收支等进行预测，通过对执行过程的监控，将实际完成情况与设定的目标不断对照，指导经营活动的改善和调整。

全面预算管理从最初的计划、协调发展为兼具控制、激励、评价等诸多功能的综合性经营战略的管理工具，是解决企业管理诸多问题的关键措施，能够有效帮助企业管理者实施管理，并全方位保障业财融合。

管理学家戴维·奥利曾说："全面预算管理是为数不多的几个能把企业的所有关键问题融合于一个体系之中的管理控制方法之一。"

1. 全面预算的意义

全面预算管理对于企业的生产经营的意义可概括为五个方面内容：

（1）战略支持。战略目标通过全面预算加以固化与量化，预算的执行与企业战略目标的实现在同一过程之中，因此对于预算的有效监控将确保最大限度地实现企业战略目标。

（2）提供考核依据。预算的编制过程向企业提供了设定合理业绩指标的全面信息；预算编辑完成则为所有预算执行主体提供了"标杆"，预算完成与否将与自身利益挂钩。将预算与执行情况进行对比，预算执行结果就是业绩考核的重要依据。

（3）帮助资源配置。预算是调度和分配企业资源的起点，因为预算的计划过程和指标数据能够体现企业对各种资源的需求以及使用资源的效率。

（4）提示管理风险。企业管理者可以根据预算结果提前发现潜在风险，并预先采取相应的防范措施，达到规避与化解风险的目的。

（5）开源节流。全面预算管理和考核、奖惩制度共同作用，迫使预算执行主体对市场变化和成本节约造成的影响作出迅速有效的反应，激励并约束预算执行主体尽量追求高经营收入和低成本费用。

2. 全面预算的内容

全面预算管理的核心就在于"全"，包括：①全方位：企业的全部经济活动均纳入预算体系；②全过程：企业进行各项经营活动的事前、事中和事后都要纳入预算管理范围；③全员性：企业内部所有部门、岗位和人员共同参与预算编制和实施。

全面预算是年度业财融合的起点，包含业务预算、专项预算和财务预算两部分：①业务预算又称"营业或经营预算"，是企业预算期间日常供应、生产、销售、管理等实质性经营活动的预算；②专项预算是为企业不经常发生的长期投资项目或一次性专项业务编制的预算，包括资本支出预算和一次性专项业务预算；③财务预算是企业预计的现金收支、经营成果和期末财务状况的预算，包括现金预算，编制预计利润表和预计资产负债表。

全面预算可以反映企业经营活动的各个方面：①销售预算是各项预算的编制起点，是生产费用预算、期间费用预算、现金预算和资本预算的编制基础；②现金预算是销售预算、生产费用预算、期间费用预算和资本预算中现金收支的汇总；③预计利润表要根据销售预算、生产费用预算、期间费用预算、现金预算等编制；④预计资产负债表要根据期初资产负债表和销售预算、生产费用预算、资本预算等编制；⑤预计财务状况报告主要根据预计利润表和预计资产负债表编制。

3. 全面预算与企业经营其他方面的关系

此处所说的关系是指全面预算管理与企业经营过程中各个方面的关系，主要关联在战略、核算、评估和绩效上（见图4-1）。

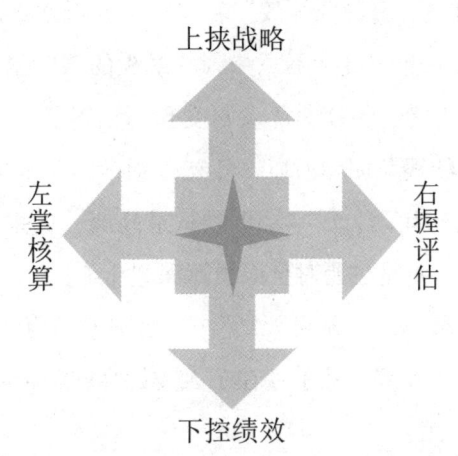

图4-1　全面预算管理与企业经营活动的关系

打开"韦尔奇死结"

通用公司前总裁杰克·韦尔奇说："预算是企业的祸根，它根本不应该存在。制定预算就等于追求最低绩效，企业永远只能得到员工最低水平的贡献，因为每个人都在讨价还价，争取制定最低指标。"[1]

上一节将全面预算定义为解决企业管理诸多问题的关键措施，怎么到了这一节又说预算是祸根了？预算对于企业的管理到底有没有实际意义？

我们以韦尔奇的话作为本节开头内容，不是要否定全面预算对于企业

---

[1]《杰克·韦尔奇都解不开的预算"死结"，锦江、农夫山泉、伊利是怎么做到的？》，搜狐网，2018年08月1日。

管理的作用，而是为了让全面预算工作能做得更好，避免碰到韦尔奇话里隐含的"韦尔奇死结"。

预算就像一个看得见的杠杆横在那里——最高能花多少钱和最低要达到的目标清晰可见。大家都在杠杆的限定下进行各项活动，若是到统计的时候达不到目标，企业的绩效考核是绝不留情的。所以，一定有人将个人绩效目标制定到超过目标一点即止，用最少的付出获得常规回报，这就是韦尔奇深恶痛绝的"追求最低绩效"和"员工最低水平的贡献"。但这还不是最坏的，达到最低的目标不意味着花最少的钱，当目标接近达成时，发现还有很多钱没有花，员工就不会再受预算羁绊了，会争取在这一轮绩效考核中将预算内的钱花完。所以，年初抢指标，年末抢钱花，成了全面预算管理中最常见的戏码。成本接近预算最高值，成果接近目标最低值，如果你是韦尔奇，是不是也要对全面预算深恶痛绝！

所以，究竟什么是"韦尔奇死结"？其本质就在于个体差异及其表现的利益诉求差异，这种差异几乎存在于人类社会的各种群体性事件中，不可能规避。

只要实施全面预算管理，就可能产生"韦尔奇死结"，但不能因为某一方面会出现问题就否定了整体。就像欧洲各大足球联赛，明知各赛季的联赛冠军都是几家豪门球队轮流获得，其他小球队也没有因此就放弃竞争甚至解散。豪门球队的球迷会兴致盎然地观看比赛，小球队的球迷也会兴高采烈地观看比赛。这是联赛能够健康发展的基础。同理，企业想要健康发展，就需要不断发现问题，然后解决问题。

预算本身是对业务未来实现的预测，与实际情况存在差异是必然的，即便出现较大差异也不能否定预算的作用。解铃还须系铃人，形成"韦尔奇死结"的是预算，打开"韦尔奇死结"的关键仍然是预算。企业管理者需要结合企业实际情况，对预算工作做出相应调整和改进，将发生"韦尔奇死结"的概率降到最低。

（1）预算目标的制定要务实。制定目标要结合市场环境、行业特点、渠道宽度和企业战略。只有务实的目标才具有可实现性，也能激发团队成员的责任心。同时，要对大目标进行分解，或者进行任务量分解，或者进行时间段分解，或者进行执行人分解，原则就是为预算执行主体创设同等或相似的竞争环境。

（2）预算模板内容要全面。良好的预算模板不仅能使预算工作省时省力，还能使预算效果清晰呈现。预算模板必须具有稳定的逻辑、固定的格式和自动的关联，必须是预算、记录、分析、考核、预测五位一体的共享模式。

（3）预算会议内容要具体。预算的执行需要经常召开运营分析会议以保证执行按进度进行和方向正确。运营分析会议召开周期安排，原则上以月度为单位，也可选择双月或季度为周期单位，但不建议召开周期安排过短或过长。运营分析会议必须做好三个方面的工作：①会前业财合力做好数据分析；②会中业财接力回复数据疑问；③会后业财协力确保数据同频。

（4）预算调整要慎重。预算是对未来的预期计划，当预期发生较大变化时，预算也会部分或全部随之调整。实际情况下，预算部分调整比较常见，预算全面调整不常见，但也存在。虽然不建议轻易调整预算，但当必须调整时，也要及时进行；只是每一步调整必须谨慎，像做预算编制工作一样精细。

（5）预算执行要评级。做出预算不是目的，执行预算才是关键，作为具体执行人，要对预算的执行程度进行评测，可以打分、分级或者两者兼做。某公司采用了分数与级别双评测方式，根据预算完成程度，将预算执行主体评为优秀者、良好者、合格者、留观者、淘汰者。除了淘汰者，其他各级别都按分数高低分出三个子级，之后进行薪酬上的奖励或惩罚。

如何编制预算表

预算表是全面预算管理的重要工具。通过编制预算表，企业管理者可以深入了解各项部门业务、项目和工程进度、预算与实际的差异等，为定期分析和加强控制提供依据。

预算表不是一个表格，而是一套表格，包含预算总表和多个附表。其中，附表包括财务预算表、销售预算表、生产预算表、现金支出表、直接材料采购表、直接人工预算表、产品成本预算表、制造费用预算表、销售及管理费用预算表、单位生产和期末存货预算表。

下面列出预算总表和几个附表供大家参考。

表4–1　某企业年度预算总表

××年度　　　　　　　　　　　　　　　单位：元

序号	名称	第一季度	第二季度	第三季度	第四季度	全年合计
一						
1	按产品分类					
（1）	连接器费用					
（2）	线缆组件费用					
（3）	光纤产品费用					
（4）	低频产品费用					
（5）	天线产品费用					
（6）	其他产品费用					
2	按市场分类					
（1）	国内运营商费用					
（2）	国内设备制造商费用					
（3）	海外运营商费用					
（4）	其他行业市场费用					
二	不含税销售额					
三	销售成本					
1	材料成本（不含税）					
2	工人薪酬					

续表

序号	名称	第一季度	第二季度	第三季度	第四季度	全年合计
3	制造费用					
四	毛利润					
五	毛利率					
六	主营业务税金及附加					
七	主营业务利润					
八	销售费用					
1	工资、社保、绩效					
2	运输费					
3	邮寄费					
4	业务招待费					
5	差旅费					
6	房租费					
7	办公费（含电话费、复印费等）					
8	广告费					
9	用车费（含油费、维修费等）					
10	其他费用					
九	管理费用					
1	水电费					
2	费用性税金					
3	财产保险费					
4	折旧费					
5	职工培训费					
6	租赁费					
7	修理费					
8	低值易耗品费用					
9	其他费用					
十	财务费用					
1	利息支出					

续表

序号	名称	第一季度	第二季度	第三季度	第四季度	全年合计
2	利息收入					
3	手续费					
4	汇兑损益					
十一	营业外收入					
十二	营业外支出					
十三	利润总额					
十四	所得税					
十五	净利润					

表4-2 某企业销售预算表

××年度　　　　　　　　　　　　　　单位：元

项目		第一季度	第二季度	第三季度	第四季度	全年合计
预计销售量（件）						
销售单价（元/件）						
预计销售收入						
预计现金收入	年初应收账款					
	一季度销售收入					
	二季度销售收入					
	三季度销售收入					
	四季度销售收入					
	现金收入合计					

表4-3 某企业生产预算表

××年度　　　　　　　　　　　　　　单位：元

项目	第一季度	第二季度	第三季度	第四季度	全年合计
预计销售量（件）					
加：预计期末存货量					

续表

项目	第一季度	第二季度	第三季度	第四季度	全年合计
预计需求量					
减：期初存货量					
预计生产量					

表4-4　某企业现金支出表

××年度　　　　　　　　　　　　　　　　单位：元

项目		第一季度	第二季度	第三季度	第四季度	全年合计
变动部分	预计生产量（件）					
	预计直接人工量（小时）					
	费用分配率					
	小计					
固定部分	固定费用					
	减：折旧					
	小计					
合计						

表4-5　某企业直接人工预算表

××年度　　　　　　　　　　　　　　　　单位：元

项目	第一季度	第二季度	第三季度	第四季度	全年合计
预计生产量（件）					
单位产品直接人工量（小时）					
需要直接人工量（小时）					
每小时平均工资率					
直接人工总额					

表4-6 某企业制造费用预算表

××年度　　　　　　　　　　　　　　　　单位：元

项目		小时费用率	单位产品费用分配额	全年费用额
变动制造费用	间接人工费			
	间接材料费			
	维修费			
	水电费			
	其他费			
	合计			
固定制造费用	管理人员工资			
	保险费			
	折旧费			
	维修费			
	其他费			
	合计			

企业在制定各类预算表时，必须严格执行五步流程，从制定总体目标开始，到全面实施截止。

第1步：制定总体目标。预算多为年度时间段的预算，因此很多企业在执行预算目标时只考虑短期效果。但真正的预算管理是为企业长期战略服务的，如同将企业长期目标拆分为年度目标。因此，制定年度预算目标一定要结合企业长期战略来考虑，掌握企业过去和当前的经营现状、财务状况和发展趋势，可以先确定企业的总目标，再确定预算编制的方针，并以此为编制预算表的指南。

第2步：搜集一线资料。编制预算不能脱离实际，即不能是远离实际的异想天开，而是要在广泛收集一线人员对于控制成本和实现绩效的信息基础上，筛选归纳出可靠且符合实际的初步预算信息，作为预算编制的第一手资料。

以编制销售预算表为例，要做好各项业务的收入统计和计算，做到不遗漏、不忽视；然后根据市场中相关因素和产品的历史销售情况，预测出企业给定的未来年限中的销售单价和销售量。

第3步：汇总编制。企业专职的预算编制人员要汇总各部门的初步预算，在与各部门充分沟通后，编制企业的预算总表和附表。在编制过程中遇到疑问，编制人员不能直接按照自己的理解和判断对资料进行修改，要及时与提供资料的人员进行沟通，关注资料提供人员的想法和建议。

第4步：审核修正。预算表的编制绝非一次可成，因此在各项预算表编制完成后，编制人员要进行审查，找出必须修改的项目。审核修改预算表要关注三点：①报表是否齐全，项目是否穷尽，数据是否正确；②项目的适用范围是否存在重叠、交叉；③项目是否能完整体现部门核心工作。

第5步：审批实施。各预算表审核修正完毕后，编制人员将预算表向上交付等待审批，或者是CEO，或者是董事会，或者是上级主管部门。审批通过后，编制人员应将预算表及时下达给各部门，展开全面实施。

企业预算的核心指标及计算方法

企业预算的核心指标是依据企业战略和发展规划制定的年度量化目标，各部门的年度工作计划（预算）必须以完成核心指标为主要目的。因此，对于核心指标的了解和计算公式的掌握是企业管理者做好企业预算管理的必备能力。

预算体系中的核心指标分为静态指标和动态指标两大类，共十个指标，下面分别解析和列出公式。

第一大类：静态指标。静态指标包括财务指标（销售额、资本回收额、利润总额、销售利润、呆账率）和管理指标（成本费用总额和费用利润率）两类：

1. 销售额

销售额是指纳税人销售货物或者提供应税劳务向购买方收取的全部价

款和价外费用，但不包括收取的销项税额。

销售额 = 销售量 × 平均销售价格

含税的销售额 = 销售额 ×（1+ 税率）

2．资本回收额

资本回收额是指在给定的年限内等额回收额或清偿初始投入的资本或所欠的债务金额。其中，等额款项为年资本回收额。

A=P ÷（P/A,i,n）

其中：A 是年资本回收额；P 是年金现值；i 是折现率；n 是折现年限。

3．利润总额

利润总额是指企业在一定时期通过生产经营活动实现的最终财务成果，是衡量企业经营业绩的重要指标。

利润总额 = 营业利润 + 营业外收入 — 营业外支出

4．销售利润

销售利润是指企业在其全部销售业务中实现的利润。该指标的公式很长，含有 13 个影响销售利润的因素。

销售利润 = 主营业务收入 — 主营业务成本 + 其他业务收入 — 其他业务成本 — 销售费用 — 管理费用 — 财务费用 — 税金及附加 — 资产减值损失 + 公允价值变动收益 — 公允价值变动损失 + 投资收益 — 投资损失

5．呆账率

呆账率也称"坏账率"，是企业收不回来的钱与实际销售额的比率。通常在 3% ~ 5% 之间。

呆账率 = 呆账总额 ÷ 销售额 ×100%

6．成本费用总额

成本费用总额即广义上的总成本，按企业会计制度划分，又分为营业成本和期间费用。营业成本是生产产品、提供劳务而直接发生的人工、水电、材料物料、折旧等费用；期间费用则包括营业费用、管理费用、财务费用。

成本费用总额 = 营业成本 + 营业税金及附加 + 销售费用 + 管理费用 +

财务费用

7．费用利润率

费用利润率是企业在一定时期取得的利润额与费用额的比率，表明每百元费用支出所取得的利润额。

费用利润率＝利润总额÷成本费用总额×100%

第二大类：动态指标。动态指标是考虑了货币资金的时间价值因素而计算的指标，主要包括投资回收期（Pt）、净现值、净现值率等。

1．投资回收期（Pt）

投资回收期是指投资项目投产后获得的收益总额达到该投资项目投入的投资总额所需要的时间（年限）。投资回收期与资本周转速度成反比。

投资回收期＝（累计净现金流量开始出现正值的年份数－1）＋上一年累计净现金流量的绝对值÷出现正值年份的净现金流量

2．净现值

净现值是指未来资金（现金）流入（收入）现值与未来资金（现金）流出（支出）现值的差额。未来的资金流入与资金流出均按预计折现率各个时期的现值系数换算为现值后，再确定其净现值。

NPV=$\sum$（CI－CO）÷（1+i）^t

其中：CI 是现金流入；CO 是现金流出；（CI－CO）是第 t 年净现金流量；i 是基准收益率。

3．净现值率

净现值率又称"净现值指数"或"净现值总额"，是项目净现值与原始投资现值的比率，用于衡量不同投资方案的获利能力大小。净现值率小，单位投资的收益就低；净现值率大，单位投资的收益就高。

NPVR=NPV÷IP

其中：IP 为投资 I 的现值。

第五章　资金管控：企业存亡的"杀手锏"

资金的内部控制

货币资金因为流动性强，是保证企业经营运转的第一支柱，但同时也容易受到侵害。因此，资金安全管控应作为企业财务风险防控的底线任务。

资金安全管控必须严格遵循"收支两条线"，收只能是收，支只能是支，泾渭分明，资金从收到支需要有严格的管控流程。绝不允许出现坐支现象，即收入在纳入政务体系之前就直接用于支出了。企业资金的收入和支出必须全部纳入账务体系，并且严格遵守"不相容职务分离原则"（图5-1）。

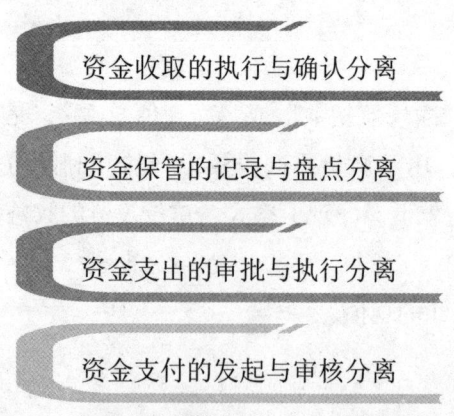

- 资金收取的执行与确认分离
- 资金保管的记录与盘点分离
- 资金支出的审批与执行分离
- 资金支付的发起与审核分离

图5-1　资金安全管控的"不相容职务分离原则"

资金安全管控包括收入、保管、支出和支付四个环节，每个环节都必须自成体系，汇总起来就形成了完整的货币资金收支关系（详见表5-1）。

表5-1 资金安全管控四环节

资金收入管控	专口收取	所有货币现金（含银行票据）收取必须在工作场所、工作时间交付公司出纳；所有银行收取款项必须汇至企业对公账户
	凭据收取	出纳收取货币资金必须开具加盖财务专用章的收据，收据必须让出纳签认，经办人签认。不允许出现无签认或单人签认收据
	警戒提示	提示客户或潜在交款人，款项必须交付至企业对公账户，不得私下转交；向企业内部业务人员强调，不得直接收取客户或潜在交款人的款项
资金存放管控	准确记录	资金存放前必须详细记录，是谁负责接收的，谁参与了接收，一共收到几笔，每笔多少钱，每笔钱的来源等
	安全位置	现金或银行票据必须存放在企业规定的安全区域，一般放在财务室的保险柜内，该区域必须加强安保
	定期盘点	确认资金状态安全，对于经常流动的资金采取出纳自盘，对于长期不流动的现金采取现金监盘，现金监盘分为定期监盘和不定期监盘
资金支出管控	逐级核批	一项资金支付通常要经过"经办人申请→经办部门负责人审核→会计审核→财务部门负责人审核→总经理审批→出纳支付"六个环节。具体环节设定可根据公司实际情况而定
	单笔审批	也称为"一支笔审批"，目的是简化中小企业的逐级核批程序，通常由企业负责人一人审批，即可确定资金支出
	印章分管	实质目的是分开付款操作权和审核权，同一笔付款业务必须经由两人或两人以上协作配合才能完成支付。财务专用章一般由财务部门负责人或其指定的非出纳人员保管，法人章可由出纳保管
资金支付管控	凭单支付	所有资金支付必须凭借审批完备的支出类单据支付，如请款单、借支单、费用报销单等
	逐级支付	一笔款项支付应当经历两人或两人以上的支付环节。即便是最简单的现金报销费用，费用报销单上也必须有出纳签名及报销人收款签名
	使用监督	不是任何资金支付出去就可以不管了，有些资金需要对其使用过程进行监督。如报销费用支付后属于报销申请人个人，但经营性请款在支付后需要持续监督使用流程

银行账户与银行票据

在生活中，一些人会有无意中翻到一张银行卡的经历。为什么会出现一张银行卡？这是什么时间开的卡？卡里还有钱吗？卡还好使吗？面对这种情况，当事人可能会在银行提款机上查询余额，也可能去银行柜台办理销户，还可能选择置之不理甚至直接扔掉。一张银行卡代表一个银行账户，个人虽然可以选择自行处理，但按照规定，还是应该到银行以正规流程解决。

如果是一家企业无意中多出一个银行账户，影响可大可小；如果是正在筹备上市的企业，一个莫名其妙多出的银行账户会给其上市带来很大麻烦。

某会计师事务所对某公司进行上市前审计，审计过程中发现该公司在某银行的某支行开设有一个一般类账户，在公司银行账户管理表中没有记录，他们进一步调查发现，公司现有印章与银行预留印鉴不一致。怎么会出现一个公司自己根本不知情的银行账户呢？公司创始人、高层管理人员和财务人员都无从回答。后经多方了解，公司创始人才回忆起在公司初创期间，其一位朋友借用公司资料开户，开户的所有印章均是这位朋友私自刻制的。创始人只知道这位朋友如今在东南亚那边做生意，根本联系不上。几经波折，该公司终于把这个莫名出现的账户注销了，但也严重拖慢了公司上市的进程。

这是非常典型的企业银行账户管理不善的案例，凭空出现的不在企业管控范围内的账户如同一枚雷，说不定什么时候就炸了。

银行账户管控包括银行账户的开设、变更、注销及银行存款余额调节表的编制。银行账户的开设、变更、注销必须依据经企业有效审批的《银行账户管理表》进行（详见表5-2）。

表5-2　银行账户管理表

经办部门			经办人		
事项		□开户　　□变更　　□销户　　□其他			
开户银行名称					
开户银行地址					
银行账户号码					
账户性质		□基本户　　□一般户　　□临时户　　□专用户			
事由					
财务经理			总经理		
	1				
	2				
	3				
	4				
	5				
	6				
	7				
	8				
经办人			接收人		

《银行存款余额调节表》是调整企业银行日记账与开户银行资金收支的重要工具，企业财务部应指派非出纳人员取得银行对账单并及时编制该表（详见表5-3）。

表5–3　银行存款余额调节表

单位：元

银行名称					银行账号			
银行存款账面余额					银行对账单账面余额			
加：银行已收，企业未收					加：企业已收，银行未收			
序号	日期	金额	备注		序号	日期	金额	备注
1					1			
2					2			
3					3			
4					4			
小计					小计			
银行名称					银行账号			
银行存款账面余额					银行对账单账面余额			
减：银行已付，企业未付					减：企业已付，银行未付			
序号	日期	金额	备注		序号	日期	金额	备注
1					1			
2					2			
3					3			
4					4			
小计					小计			
调节后的存款余额					调节后的存款余额			
金额差异					金额差异			
差异说明					差异说明			

与银行账户管控同等重要的是银行票据的管控，银行票据包括支票、银行承兑汇票等，企业应做好票据的购买、等级、使用、核销管控。

以支票管理为例说明银行票据管控，其分为四个流程：①支票购买——出纳向财务部负责人申请后购买支票；②支票登记——支票监管人登记《支票使用登记表》并签认；③支票使用——正常支付：出纳按审批完备的付款申请开具支票；支票作废：将作废支票右上角支票号码剪下，粘贴至对应支票核销栏；④支票稽核——支票监管人核查支票使用情况。

资金的基本周转与加速周转

资金周转是指企业资金存在形态的转换和回归，随着商品流转不断反复循环的过程，具体解释为：在使用企业资金购进商品时，由货币形态转化为商品形态；随着商品的销售，购买商品时所垫支的货款得以收回，企业的资金又从商品形态回归为货币形态。

资金周转的核心问题是资金运动的时间（或速度）及其对于资金占用数量和产品生产、价值创造的影响。

资金以一定的形态出发，经过运动再回到这一形态所经历的时间叫作资金周转时间。资金周转时间由生产时间和流通时间构成，但各企业因产品性质、生产条件、地理位置、产销距离、运输工具不同，生产时间与流通时间必然长短不一，形成不同的资金周转时间。

资金一年内周转次数 = 一年内资金周转总额 ÷ 年预付资金总额

资金一年内的周转次数通常用来表示资金周转速度，影响资金周转速度的因素有两个：①生产资金的构成；②资金周转时间的长短。

（1）生产资金按周转方式的不同分为固定资金和流动资金，而生产资金的构成就是固定资金和流动资金的比例。固定资金的实物形态是厂房、机器设备等劳动资料形态，可以长时间在多个生产过程中发挥作用，价值损耗是逐渐地转移到制成品上，周转一次需要的时间较长；流动资金的实物形态是原料、材料、燃料、辅助材料等劳动对象的形态，价值只需经过一个生产过程就全部转移到制成品上，周转一次需要的时间较短。

（2）资金周转时间的长短受生产过程和流通过程中经济、技术和组织状况多种因素的制约，因而不同企业或同企业的不同部门的资金都有不同的周转速度。

此外，预付劳动报酬的资金从周转方式与购买劳动对象的资金相同，也属于流动资金的范畴。不同生产资金的周转速度不同，预付劳动报酬的资金周转速度的快慢由两方面决定：①取决于固定资金和流动资金周转速度的快慢；②取决于固定资金和流动资金在生产资金中所占比重的大小。公式为：

资金的平均周转速度＝（一年内固定资金周转总量＋一年内流动资金周转总量）÷资金总额

资金不仅仅是周转起来就可以了，还有速度方面的要求。虽然企业资金的周转速度并非越快越好，但也绝对不能太慢。一笔资金一年流动五次和流动十次为企业带来的利益是完全不同的。通常我们听到的"薄利多销"就是提升资金周转速度的常见方法。原本卖一件商品毛利率为30%，后来企业下调毛利率为每件20%，虽然单件获利下降了，但资金回收速度变快了。将回收的资金再次投入到新购销环节中，资金的再次利用时间就缩短了。如果为了获得更多的单件利润，将每件商品毛利率提升到40%，销售时间拉长，资金回收速度变慢。此时回收资金再次投入到新购销环节中的速度也变长了，企业的整体利益必然受损。因此，资金周转速度加快意味着资金利用效率提高；资金周转速度减慢意味着在生产过程或者流通过程中发生了阻滞，资金利用效率降低。

想要加速资金周转，提高资金利用率，企业可以通过两个核心途径实现：

（1）缩短资金停留在生产过程中的时间：如合理规定原材料和燃料的储备定额，避免超额储备；提高机器设备利用率；采用先进的新技术和新工艺等。

（2）缩短资金停留在流通过程中的时间：如按照市场需要组织生产，使商品适销对路；合理确定商品流向，合理制定销售价格，减少库存积压；改善运输条件，提高商品运送速度等。

做好未来的现金流量预测

现金流量预测是对未来几个月或未来几个季度企业资金的流出与流入进行预测。其目的是合理规划企业现金收支，协调现金收支与经营、投资、融资活动的关系，保持现金收支平衡和偿债能力，同时也为现金控制提供依据。

没有一种预测可以是 100% 准确，总会存在不确定因素影响未来的结果，那么做预测还有什么意义呢？

（1）设定未来经营的目标。

（2）将预期与现实对比，指导决策。

对企业现金流量预测，就等于对企业未来经营状况进行预测，对各方面经营状况总体预测后，得到企业未来一段时间的现金变化情况。主要包括六个方面：

（1）根据历史数据和未来发展战略，预测企业未来的销售收入。

（2）根据历史数据和环境变化，预测企业未来的销售成本。

（3）根据历史数据和竞争状况，预测企业未来的运营成本。

（4）根据预计盈利状况，预测企业未来的所得税。

（5）根据企业的发展规划，预测企业未来的固定资产。

（6）根据历史数据，预测企业未来的销售费用。

既然进行现金量流预测对企业如此重要，那么如何进行预测呢？最好的方法是把复杂的业务抽象成贴合业务逻辑的预测模型。可以通过操作以下四步实现：

第 1 步——了解企业的商业模式，并分解商业模式中的要素：①提供什么服务/产品；②向谁提供服务？③如何盈利。这几个要素决定了企业的定位、收入来源、获客方式/渠道、完成生产/服务所需要的资源、生产过程、产品/服务的交付过程、交付成本，也就最终影响到企业相应的收入和成本。

第 2 步——根据商业模式梳理业务流程，重点搞清楚业务的起点在哪里。以销售为例，不是简单使销售额被拆分成"数量 × 单价"，而是沿着业务流程再进一步，思考预计销售数量的依据是什么，这些销售数量的增量是怎么来的，这个增量与哪些因素有关，这些因素与销售数量是正相关还是负相关。

第 3 步——沿着业务逻辑梳理每一个业务环节的经济活动，并确定各项经济活动的影响因素。简单说就是确定模型中每一个数据的计算逻辑，完成预测模型的搭建。

第 4 步——根据预测模型拆解各业务部门的指标，用以指导各业务部门的工作和评估各业务部门实际的运营效果。

因此，为了给企业下一阶段经营设定参照系，指导企业的实际运营，预测模型一定要基于业务逻辑搭建，要能对业务进行清晰的解释，才能给出可以执行的业务目标。

应收账款管理的"一键三链"

应收账款是指企业在正常的经营过程中因销售产品或提供劳务等业务，应向购买单位收取的款项，包括应由购买单位或接受劳务单位负担的税金、代购买方垫付的各种运杂费等。

应收账款是伴随企业的销售行为发生而形成的一项债权，是企业在销售过程中被购买单位所占用的资金。应收账款包括已经发生并明确成立的债权和现实并未发生但将来一定会发生的债权。

应收账款的产生通常有两种原因：①由商业竞争引起——企业为提高竞争力采用赊销，此时产生的应收账款即为商业竞争引起的，它是一种商业信用；②由销售和收款的时间差引起——即便是现销，收入的确认和款项的回收也可能存在时间差，此时产生的应收账款不属于商业信用，也不属于应收账款的主要内容。

一方面，企业需要满足客户的信用要求，将商品销售出去；另一方面，企业要尽量降低应收账款的管理成本，避免出现应收账款形成坏账的风险。因此，应收账款就像是一柄既可以帮助企业获利又能让企业受损的"双刃剑"。但是，现实中的企业几乎都存在应收账款，企业持有应收账款需要付出一定的代价：①机会成本：资金陷入应收账款中而丧失继续周转获利的机会；②管理成本：对应收账款的日常管理和催收过程中所产生的开支；③坏账成本：部分应收账款无法收回给企业造成的经济损失。

虽然应收账款可能带来让企业蒙受损失的风险，甚至风险的发生是必然的，但也不能连根拔除，毕竟应收账款对于企业的生产经营也有帮助：①扩大销售：企业赊销实际上是向客户提供了两项交易——即向顾客销售产品及在一个有限的时期向客户提供资金；②减少库存：当企业存货较多时，可通过赊销把存货转化为应收账款。

总之，无论应收账款对企业有怎样的不利，还是要允许其存在；无论应收账款对企业有怎样的好处，也要防备其可能带来的风险。

能收回来的才算是资产，不然就是账面上的数字。因此，企业应及时收回应收账款以弥补生产经营过程中的各种耗费，保证企业持续经营。对于恶意拖欠的应收账款，企业必须引起重视，采取有效措施组织催收；对于确实无法收回的应收账款，凡符合坏账条件的，应在取得有关证明并按规定程序报批后，作坏账损失处理。

为降低应收账款成为坏账的概率，企业应对应收账款进行管理，在此推荐"狠抓源头""锁死过程""内外兼修"的三链方式。

1. 狠抓源头——判断是否对所有客户赊销

当然不可以对所有客户赊销。应收账款取得良好赊销效果依赖于客户企业较好的信用，客户需要区别对待，并非所有客户企业都有好的信用，有些客户企业的信用足够上"信用黑名单"了。因此，企业应该制定出一套合理的信用评估政策，对于可能发生或已经发生赊销的客户企业进行信用评估，严禁对信用不好的客户企业实行赊销。

企业不能为扩大销售额盲目赊销，也不能因"大企业一定信用好"的固有认知轻易赊销，更不能因听信客户企业说会给予优惠待遇而不顾后果赊销。

是否对客户企业赊销，不仅要看客户企业的信用，也要看客户企业的实际经营情况，有些客户企业的确信用很好，但企业规模和管理模式并不令人满意，也不能轻易对其赊销。

2. 锁死过程——判断是否该延长信用期限

某公司销售部门根据客户要求，提出将某产品的信用期从现在设定的45天放宽至90天；如果得到通过，则客户可增加25%的订货量。那么，该公司应该同意销售部门的请求吗？

关于这个问题的解答，需要从企业本身和客户两方面进行分析。改变信用政策，可以增加收益，看起来是稳赚不赔，但多出的45天之内会增加多少不确定性呢？这是企业必须要考虑的。判断是否应该延长信用期限，先从企业角度分析：①看企业承担形成的应收账款的机会成本的能力，衡量一部分现金长期压在经营账款上对于企业的经营是否会造成影响；②看企业承担客户违约风险的能力，获利伴随风险，没有一点险都不需要冒的得利。如果企业的抗风险能力较强，可以考虑延长。再从客户角度分析：①看客户过往的赊销历史，如果客户一直认真履行结算承诺，就可以延长，否则就要认真考虑；②看客户当下的经营现状，如果客户公司经营状况良好，说明具备短期偿债能力，反之则很可能不具备短期偿债能力；③看客户和企业的往来关系如何，如果往来的是陌生客户或其来往比较少的客户，最好不要冒险赊销。

3. 内外兼修——判断是否要定期核对往来账

显然是需要的。对于应收账款，企业应按照企业的具体债务单位名称开设明细账或客户账龄台账，对往来金额进行逐笔登记。

企业还应根据业务量大小及时间等因素，对应收账款定期进行核对，并由双方当事人签章，作为有效的对账依据。如在对账过程中发生差错，必须及时处理。原则上每个季度至少进行一次往来对账。

企业在设计销售合同条款、进行约定的时候也要考虑客户违约情况。要账从来都不是一件容易的事情，收取应收账款方面之所以频频掉入坏账陷阱，就是因为要账难，甚至有的客户有钱也不按期还。为了提高应收账款的回款率，企业可以利用合同约定有关逾期的条款，比如逾期一天按千分之一收取资金占用费，让诚信上有问题的客户付出必要的代价，客户往往就会按期支付。也可以采取一些让利行为，如给设定期限的现金折扣，鼓励客户及早付款。具体操作是为客户在商品价格上进行扣减，但设定了时间期限，如向客户发出明文：在2022年3月23日之前偿还某笔账款，可享受5%的总价折扣，超出时间折扣优惠取消。虽然采用折扣会为企业利润带来损失，但若是因此缩短了平均收款时间，又能降低坏账概率，整体利是大于弊的。

第六章 资产运营：提高资产使用效率，减少资金占用

资产投资的智慧

固定资产投资是以货币形式表现的、企业在一定时期建造和购置固定资产的工作量以及与此有关的费用变化情况。包括房产、建筑物、机器、机械、运输工具，以及企业用于基本建设、更新改造、大修理的资产投资和其他固定资产投资等。

建造和购置固定资产的经济活动即固定资产再生产活动。固定资产再生产过程中包含固定资产更新（局部和全部更新）、改建、扩建、新建等活动。

固定资产投资也被称为"固定投资"，是用于生产过程中的任何有形资产的投资，是社会固定资产再生产的主要手段。固定资产投资按工作内容和实现方式分为三类：建筑安装工程类；设备、工具、器具购置；其他费用（图6-1）。

建筑安装工程：指各种房屋、建筑物的建造工程和各种设备、装置的安装工程

设备、工具、器具购置：指购置或自制达到固定资产标准的价值的设备、工具、器具的价值，固定资产的标准按财务部门规定

其他费用：指在固定资产建造和购置过程中发生的，除建筑安装工程和设备、工具、器具购置的各种应摊入固定资产的费用

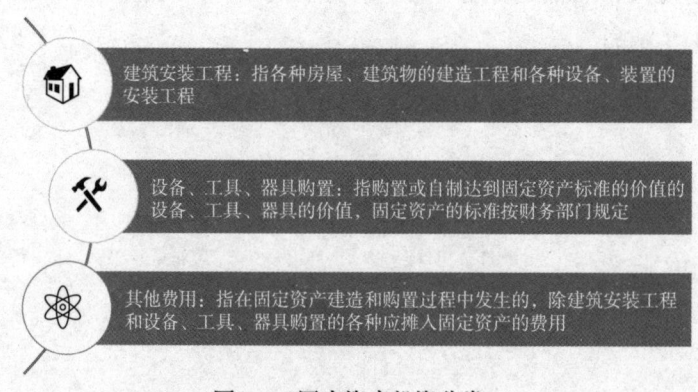

图6-1 固定资产投资分类

固定资产投资额是以货币的形式表现的建造和购置固定资产的活动的工作量，它是反映固定资产投资规模、速度、比例关系和使用方向的综合性指标。

几乎所有类型的企业都需要某些类型的固定资产投资，即便是那些实际上并不生产出售给消费者商品的企业，其经营过程中也将会用到某类有形生产资料（如房屋、机器设备等）。

固定资产和用于生产的其他资产的重要区别是时间性的不同。固定资产投资被认为是类永久性的投资，可以在经营中使用很长时间。用于生产的其他资产在生产中会不断消耗，如原材料、劳动力及被认为会不断产生经营费用的商业活动。

新的企业财务会计制度规定：固定资产局部更新的大修理作为日常生产活动的一部分，发生的大修理费用直接在成本中列支。

确定某资产是否是固定资产投资非常重要，涉及这些财产的征税范围或是否被准予获得某种税收上的优惠。例如，某公司在准备年度税收报表时，可以要求将所属建筑物或机器的一定数额的折旧费也计算在内。因为这些资产被认为随着使用时间的推移会受到磨损而产生资产损耗，该公司可相应获得一定数额的减税优惠，节省的钱（折旧费）用于在将来的某一天对无法再使用的固定资产进行更换。

作为企业管理者，我们在进行固定资产投资时，需要了解和考虑以下六个方面内容，才能在实际投资中获得最大收益。

（1）收回时间较长：固定资产投资决策一经做出，会在较长时间内影响企业，一般的固定资产投资都需要几年甚至十几年才能收回。

（2）发生次数相对较少：与流动资产投资相比，固定资产投资一般较少发生，特别是大规模的固定资产投资，一般要几年甚至十几年才发生一次。

（3）变现能力较差：固定资产投资的实物形态主要是厂房和机器设备等形态，这些资产不易或不能改变用途，且出售困难，变现能力较差。

（4）资金占比相对稳定：与流动资产投资后的资金占比经常变动不同，固定资产投资一经完成，其在企业总资金占比上将保持相对稳定。

（5）实物形态与价值形态可以分离：固定资产投入使用后，因会产生使用损耗和时限损耗，保留在固定资产实物形态上的价值逐年减少，转化为货币准备金的价值在逐年增加（准备更新），直到固定资产报废，实物被更新。

（6）可了解、利用税收政策：最近几年针对固定资产的税收优惠有很多，企业身份、采购类型和定价策略对企业的税收影响很大，企业投资固定资产的初期会造成现金流短缺，因此可以充分了解、利用税收政策，企业投资前期多抵税，让现金流短缺的情况有所好转。

资产采购中的成本管理

过去，企业购买生产资料或服务主要看产品质量、价格及服务有效性，比如能否及时交货、产地远近等。现在，左右企业采购的指标愈发多维发展，有一个显性的趋势是观察总成本控制。

采购通常分为直接采购和间接采购。直接采购是生产产品的原材料采购；间接采购是生产性采购之外的东西，如生产设备、办公室设备、市场物料、行政设备等。两种采购的内容不同，但对企业经营都很重要。

控制采购成本对一个企业的经营业绩至关重要。采购成本下降不仅体现在企业现金流出的减少，而且直接体现在产品成本的下降、利润的增加，以及企业竞争力的增强。

以一家销售额达到 10 亿美元的公司为例，采购成本为 7 亿美元；员工成本为 1 亿 3 千万美元；利润率 5%，即 5 千万美元。采购成本每降 10% 即 7 千万美元，员工成本和其他成本保持不变的话，利润率将提升 12% 即

1亿2千万美元。

  A公司在过去的一年里建立了完善的采购制度,加强采购成本的控制,使总采购成本下降7%以上,再加上对生产环节材料消耗的控制,公司整体生产成本下降了18%,取得了良好的经济效益。现在结合A公司的具体做法讨论如何对采购成本进行控制。

  采购工作涉及面广,企业应制定严格的采购制度和程序,不仅采购工作有章可依,还不能给采购人员制造暗箱操作的温床。

  (1)建立标准化采购制度。规定物料采购的流程,包括物料采购的申请方式、授权人的批准权限、相关部门(特别是财务部门)的责任和关系,以及各种材料采购的规定、方式和价格审批等。此外,对于超过一定金额的采购须附上三个以上数量的公司的书面报价,以供财务部门或内部审计部门稽核。

  (2)为供应商建立档案和制定供应商准入制度。为与企业长期合作的供应商建立档案,内有基本信息,如编号、详细联系方式和地址;还要有特殊信息,如付款条件、交货条款、交货期限、品质评级;也要有财税信息,如纳税人身份、开票类型、结算方式、银行信息等。各供应商档案经严格审核才能归档,并做定期或不定期更新,且应有专人管理。给供应商建档必须明确准入制度,重点材料的供应商须经质检、物料、财务等部门联合考核(如有可能要对供应商实地考察),且对考核进行评分,只有达到或超过评分合格线的供应商才能为其建档。虽然企业的采购不会局限于已建档的供应商范围,但应尽可能选择归档的供应商,毕竟前面已经做了大量考核工作,不用就是浪费。

  (3)建立价格档案和价格评价体系。采购部门须对所有类别的采购材料建立价格档案,分析每一类每一批采购物品的报价,与归档的材料价格进行比较,找出价格差异的原因。原则上如无特殊原因,实际采购价格不

能超过档案中的平均价格，否则要做出详细的说明。对于重点材料要建立价格评价体系，由企业有关部门（核心是财务部门）组成价格评价组，分析现有价格水平，并对价格档案进行更新（视情况一季度或半年进行一次）。

（4）根据工作业绩对采购人员进行奖惩。对比实际采购价格与价格档案的基准采购价格，对完成降低企业采购成本下降任务的采购人员进行奖励，对没有完成企业采购成本下降任务的采购人员，先分析原因，再确定是否惩罚以及具体惩罚措施。

通过做以上四个方面的工作，可以最大限度完善采购管理，提高采购效率，控制采购成本。但这还不是全部，还有一些方法可以帮助企业更为精准地控制企业的采购成本。下面，我们给出这六个方法，具体应用须建立在估算供应商的产品或服务成本，以及对竞争对手的采购策略的分析上（详见图6-2）。

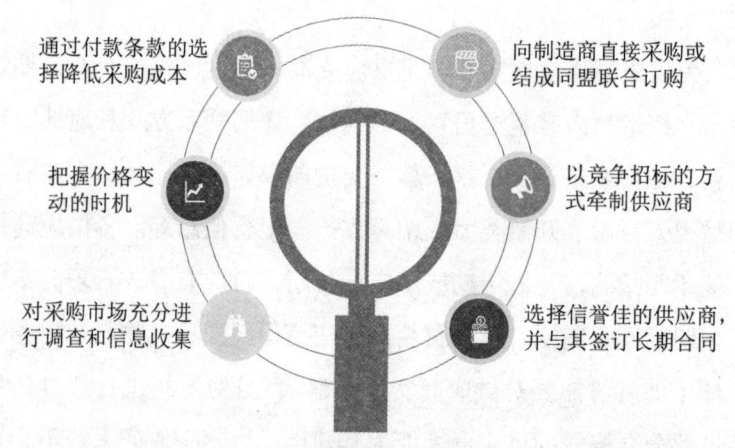

图6-2 降低采购成本的方法

大力减少非营业性资产

资产根据用途可分为经营（营业）性资产和非经营（非营业）性资产。经营性资产是指企业为达到盈利的目的而持有的实际盈利的资产，通俗讲就是能带来现金流和营销额的资产，是为了改善企业经营状况，是参与销售产品和提供服务的资产，如货币、有价债券、存货、固定资产和无形资产等。

从会计科目上看，经营性资产都是日常生活经营中的资产，包括货币资金（除融资存款，如承兑汇票）、应收账款、预付账款、其他应收款（除企业间拆借的款项）、存货、长期资产中的固定资产、在建工程、工程材料和流动资产中的无形资产。

除从上述会计科目看，股权长期投资也是一项经营性资产，因为其运作的目的也是改善企业经营状况。

非经营性资产是指企业为实现项目发展和经营计划所拥有的不直接参与生产经营的资产，目的是改善企业的经营状态，但是间接性地表现为一些纯福利设施，如职工宿舍、食堂、浴室、医院、幼儿园、学校、休闲区、健身房等。在不影响正常工作的前提下，非经营性资产也可以转化为经营性资产。

非经营性资产在企业的资产占比在不影响企业经营的情况下，应该是越少越好。因此，一些不是非常有必要存在的经营性资产必须剔除，商业术语称为剥离。必须剥离与企业的经营业务没有直接的关系但属于企业的资产，如职工宿舍、食堂、浴室、医院、幼儿园、学校、办公设施等。企业非经营性资产剥离必须遵循两项原则——经济性原则和区别对待原则。

（1）经济性原则。由于各个企业的实际情况及所处市场情况不同，并非任何非经营性资产剥离之后都会给企业带来正面效益。有些非经营性资产剥离后，企业又要对职工提供相关的补贴，反而会给企业造成更大的负担。因此，企业应根据自身实际情况和是否符合经济效益原则来决定是否对非经营性资产进行剥离。

（2）区别对待原则。剥离非经营性资产必须充分考虑各方面因素，对于不影响企业经营或剥离后效果明显的非经营性资产应坚决剥离，对于影响企业经营或剥离后效果不佳或对企业长远发展还有积极作用的非经营性资产应予保留。

对于一些非经营性资产，可以做经营优化，比如进行承包或者分立成单独的经营单元，除了为企业内部提供服务，也可以对外经营产生额外的效益。当然，这些策略要根据具体情况进行具体实施。

大企业的资产租赁之道

资产租赁是指在不改变资产所有权的情况下，由资产所有者与承租者订立契约，在一定时期内对资产的占有权、使用权实行有偿出租和承租者自主经营的一种经营方式。

实行资产租赁并不是实力弱小的表现，反而有利于盘活资金，降低经营风险。很多跨国公司在国内经营经常用资产租赁的方式，比如大型打印机、通勤班车是租赁的，甚至有的大公司厅堂内的绿植都是租赁的。

租赁具有如下特点：①租赁是实现租赁对象价值的一种形式（等价交换的原则体现在资产占用权的有偿让渡行为之中）；②租赁对象的价值是以租金的形式来表现的；③承租者要有一定数量的财产作为抵押。

商品经济日益发展，租赁范围也变得更加广泛，并渗透到社会经济生活的许多方面，形成完整的租赁关系。

融资租赁是20世纪50年代形成的一种交易方式，它实质上是转移了与资产所有权有关的全部风险和报酬的租赁，是基于"利润产生于设备之使用而非拥有"的观念发展起来的。在当下我国货币政策回归稳健、商业银行信贷投放收紧的背景下，促进融资租赁业务发展对于帮助企业（尤其是中小企业）进行转型发展是有着积极作用的。

A公司（集团）是具有特级工程总承包资质的集团化经营的国有大型建筑施工骨干企业，B公司（集团）是一家大型发电设备生产厂家。现A

公司为满足业务增长需要和降低财务费用的意愿，继续租赁一批大型建筑施工设备。而B公司每年均有大量的现金沉淀，以当时的存款利率，不能满足A公司"提高资金效益"的要求，需要寻找一条高收益并能确保企业安全的资金管理方式。

在A公司和B公司共同的授信银行——C银行的牵线之下，两家公司对设备融资租赁项目予以认可。

在D信托公司的策划之下，项目参与各方经过为期半年的谈判，就融资、设备租赁、设备购买、项目担保等方面达成一致，最终确定了该融资租赁项目的最终模式——由设备融资租赁合同、资金信托、设备采购、项目担保四部分组成，其中设备融资租赁合同为核心。

1. 设备融资租赁合同

虽然融资租赁涉及第三方当事人，但出租方B公司和承租方A公司是融资租赁项目的重要主体。融资租赁合同的主要内容如图6-3。

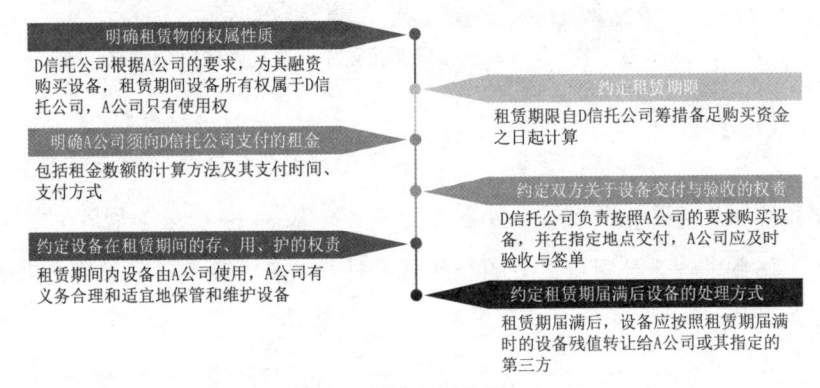

明确租赁物的权属性质
D信托公司根据A公司的要求，为其融资购买设备，租赁期间设备所有权属于D信托公司，A公司只有使用权

约定租赁期限
租赁期限自D信托公司筹措备足购买资金之日起计算

明确A公司须向D信托公司支付的租金
包括租金数额的计算方法及其支付时间、支付方式

约定双方关于设备交付与验收的权责
D信托公司负责按照A公司的要求购买设备，并在指定地点交付，A公司应及时验收与签单

约定设备在租赁期间的存、用、护的权责
租赁期间内设备由A公司使用，A公司有义务合理和适宜地保管和维护设备

约定租赁期届满后设备的处理方式
租赁期届满后，设备应按照租赁期届满时的设备残值转让给A公司或其指定的第三方

图6-3 融资租赁合同

上图中，融资租赁项目中对租赁物的处理有三种方式：退租、续租、留购。留购对出租方和承租方均有利，所以融资租赁合同期届满后，对租赁物的处理一般多采用这种方式。

2. 资金信托

资金信托是该项目所需资金的来源。本项目设定的信托系委托人B公司指定投资及管理方式的指定型信托，将委托人合法拥有的人民币资金1.56亿元委托给受托人D信托公司，由D信托公司按照信托合同约定和委托人的书面指示，以自己的名义将信托资金（1.56亿元）用于向A公司提供设备的融资租赁，信托期限为自信托成立之日起三年整。

该指定信托约定委托人主要有四项权益，这些权益的设定使得委托人B公司能够充分有力地保障其资金用于约定的投向（图6-4）。

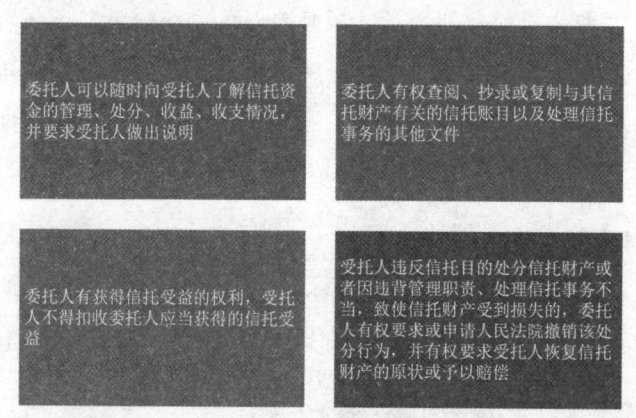

委托人可以随时向受托人了解信托资金的管理、处分、收益、收支情况，并要求受托人做出说明	委托人有权查阅、抄录或复制与信托财产有关的信托账目以及处理信托事务的其他文件
委托人有获得信托受益的权利，受托人不得扣收委托人应当获得的信托受益	受托人违反信托目的处分信托财产或者因违背管理职责、处理信托事务不当，致使信托财产受到损失的，委托人有权要求或申请人民法院撤销该处分行为，并有权要求受托人恢复信托财产的原状或予以赔偿

图6-4 本节融资租赁案例指定型信托委托人的核心权益

3. 设备采购和项目担保

D信托公司将信托资金用于A公司相应设备的购置，A公司自主选择设备的相关参数，并参与与设备主要提供厂家——E公司（集团）的联系。D信托公司与E公司签署订购合约并支付货款后，设备将直接运交到A公司指定的地点。

C银行以承诺函的形式为B公司的本项目信托资金提供担保，保证其在合同约定下的非委托方责任的资金本息安全。

不良资产务必及时处置

不能参与周转、不能带来收入和现金流的资产为低周转资产或不良资产，企业应尽量减少低周转资产和不良资产的占用。

不良资产处置是指通过综合运用法律法规允许范围内的一切手段和方法，对资产进行价值变现和价值提升的活动。企业不良资产处置有以下几种方式。

1. 资产重组

资产重组包括债务重组、企业重组、资产转换和并购等。

债务重组包括以资抵债、债务更新、资产置换、商业性债转股、折扣变现及协议转让等，其实质是对债务企业做出债务重新安排，表现为还款期限延长、利率重新安排、应收利息折让、本金适当折让等。

企业重组是对企业的资金、资产、劳动力、技术、管理等要素进行重新配置，构建新的生产经营模式，是针对企业产权关系和其他债务、资产、管理结构所展开的企业层面的改组、整顿与整合的过程，以从根本上改善企业经营管理状况，使企业在变化中保持竞争优势。

2. 资产置换

资产置换是发生在两个经营主体之间，为了各自的经营需要，通过走合法的评估程序对各自准备置换的不良资产进行评估后，签订置换协议，实现双方无形或有形资产的互换或者以债权换取实物资产及股权的行为。

目前资产置换大都发生在经营不佳的上市企业与经营良好的非上市企业之间，非上市企业通过与上市企业之间的资产置换实现间接上市。

3. 资产租赁

租赁是指在所有权不变的前提下，出租方通过契约的形式，并按契约约定的条件和期限将所出租的资产交给承租方占有、支配和使用，承租方按照契约的约定向出租方交纳租金。租赁终止时，承租方或将资产完整地返还给出租方，或将所租资产以契约约定的价格买下。

企业处置不良资产的最终目的是收回现金，但在实际处置过程中经常会收回一些非现金资产，包括机器设备等生产要素，或者取得其他企业所有权。

4．诉讼追偿

司法诉讼是企业维护债权的最后屏障，也是经济活动中追索债务最常用的手段。有些企业经营困难，但这并不表明丧失完全的还款能力，甚至依靠其自身的经营收入还有一定的偿债来源，只是因为一些企业无视信用，利用各种借口拖延归还，利用各种手段逃避债务。通过起诉追索债务，能加大债务人履约的力度，提高企业对不良资产的索回概率。

5．破产清偿

破产清偿是指债务人依法破产，将债务人的资产进行清算变卖后，按照偿付顺序，债权人企业所得到的偿付。

企业破产是市场经济的必然产物。一些企业由于经营不善或不能适应产业结构和产品结构调整的需要，造成资不抵债，不能偿付到期的债务，企业继续经营无望，对这样的企业进行破产有利于整个社会资源配置效率提高。

6．使用其他转让渠道

目前不良资产转让渠道包括金融资产交易所、互联网平台、投资基金等。未来，保险、证券、小贷公司也有望进入不良资产流转渠道。

此外，企业处理不良资产还可以采用多样化出售的方式，包括公开拍卖、协议转让、招标转让、竞价转让、打包处置、分包等。

第七章 降本增效：从管理角度重新认识开源节流

充分利用财务数据调整策略

企业管理者必须要树立这样的理念：企业的财务数据并不仅仅是数据，还能深度反映出市场行情、企业和行业运营模式。衣、食、住、行是与人们关系最密切的四大领域，我们以服装行业为例，阐述数据与市场的关系。

去大商场逛品牌服装店，总会看到动辄数千元的服装。可以肯定的是：这么贵的服装一定有人买，但会有多少人买呢？总会有剩下的吧，最终由谁买单呢？下面，我们以国内某知名服饰品牌公司为例，看看财务数据是怎样体现服装市场及其行业运作模式的（详见图7-1）。

服装市场运作主要涉及三类企业：服装加工企业、品牌服装公司、经销商或专卖店。这家服饰品牌公司是国内最大的服装公司之一，2008年在深交所中小板上市，处于供应链的中间环节——即品牌服装公司环节。

```
上游——          品牌服装公司          下游——
服装加工企业                           经销商或专营店

生产服装        折扣销售，允           销售给终
               许退货或调货           端消费者
```

图7-1　服装市场的供应链运作模式

以该品牌服装公司为例，公司掌握品牌、设计和部分销售（直营店），

通过大量广告宣传打造品牌效应并提高品牌知名度，再广泛发展下游客户（经销商和专卖店），根据招商情况向上游供应商（服装加工企业）下订单。该服装公司通常按照一定的折扣将服装卖给经销商或专卖店，如果经销商无法将服装全部卖出（事实上根本无法全部卖出），处于中间环节的品牌服装公司允许下游客户退货或调货。也就是说，服装行业的库存最终由中间环节的品牌服装公司消化。

众所周知，国内服装市场在2012年之前基于国内经济快速发展，服装市场需求旺盛。许多品牌服装公司通过提高售价和发展更多下游客户而趁势崛起，服装行业一度成为令其他行业艳羡的暴利行业。为了供应更多的下游渠道销售，品牌服装公司加大向上游服装加工企业签订的订单力度，导致库存越来越多。

随着更多服装品牌的崛起，终端消费者可选择的品牌越来越多，竞争愈发激烈，库存积压成为突出现象，而品牌服装公司消化库存的能力远低于预期。在大商场里看到的那些标价过千元的服装有很多最终被存放在下游客户的库房里，出现在各家品牌服装公司的财务报表的存货科目里。图7-2所示是该品牌服装公司2008~2016年部分营业数据。

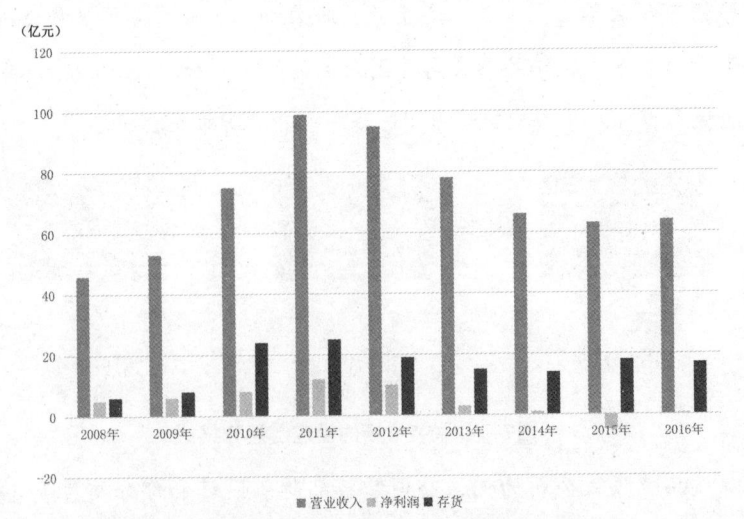

图7-2　该品牌服装公司2008~2016年部分营业数据

从上图可以看到，2008~2011年，该品牌服装公司的营业收入、净利润和存货均呈增长趋势，与市场行情和整个行业的发展相吻合。其中，2011年的营业收入和净利润均达到峰值，同期库存也是最高的。2012年出现拐点，终端销售业绩大幅下滑，导致绝对销售额下降，大量库存积压。该品牌服装公司不仅要降低自己的库存，还需要回购经销商积压的库存并进行处理。该品牌服装公司自2012年后营业收入、净利润均大幅下挫，2015年甚至出现了负利润，但库存数量始终居高不下。

不用看该企业具体销售情况，只要看财务数据就能知道该企业大概的经营状况；不管是营业收入、净利润还是库存情况，都说明该企业到了不得不去库存的地步，经营已经相当疲软。

优化设计产品结构，增加收入

产品对于每一个企业都是核心部分，不论是生产产品的企业，还是代销产品的企业，好的产品才可以让企业获得更好的发展机会。

对于企业来说，什么是好的产品呢？可以概括为两大类：流量产品和利润产品。流量产品负责引流，增加客户数量，扩大市场规模；利润产品负责盈利，提升企业整体利润率和深耕用户市场。企业对产品结构的设计必须要包含这两类产品，实现两条腿走路。

流量本质上是人的行为信息。分析流量的数据，也就是分析用户的显性或隐性行为，以此来辅助不同业务场景的优化。设计流量产品，我们总结出以下六个"根据"。

（1）根据企业原有产品的核心功能和特色进行迭代升级。既可以节省时间和精力，还可以更深入地对产品的核心功能和特色进行研究，从而打造企业的流量明星。

（2）根据当前市场的发展趋势和产品潜力进行研发设计。从客户的需求出发，毕竟有需求的地方才会有销量，所打造的产品才可能成为流量产品。

（3）根据时下的社会热点话题进行产品的包装设计。通过利用一些已经被炒热的话题吸引更多人的关注，对于占领市场和创造流量都能起到很好的作用。

（4）根据目标客户群体及产品定位设计。不同领域的消费群体对于流量产品的理解不同，设计人员在研发产品时需要考虑目标客户群体的需求和想法。

（5）根据未来经济社会发展的趋势设计。主动引导消费者的需求方向和想法，比如一些蕴含高科技又符合人们某种特定需求的产品就有更多机会成为流量产品。

（6）根据专业人士对客户和市场的判断和预测设计。不管是产生什么样的设计想法，都需要专业人才去实现，他们具备丰富的专业知识和经验，更容易设计出流量产品。

利润产品就是能赚取大量利润的产品，利润产品可以是单品利润率高，也可以是确保销量的情况下维持合理的利润率。所以，一些企业将利润产品称为"主销款"产品。

利润产品的设计通常与流量产品有重合之处，但也具有和流量产品截然不同的独特性，我们概括为以下两点。

（1）利润产品是流量产品的升级款。流量产品与利润产品是同品类产品，只是前者较后者在配置及性能上略差一些。引导客户对流量款和利润款产品进行对比，虽然流量款产品便宜，性价比也不错，但跟利润款产品比较，我们发现，再加一点钱，流量款产品的配置和性能就更强大了。谁不想要更好的产品呢？利润款产品就以更大的优势占领了用户心智。

（2）要确保利润产品供应稳定。受供应链稳定性、库存压力及资源有限的影响，产品结构中的流量产品和利润产品不可能都保持货源的持久稳定。若流量款产品出现供应不足，问题不大，甚至还能产生"饥饿营销"的效果。但利润产品因为销量大，供应链一定要稳定，保证供货充足。

重视周转率，快速获利

周转率就是对资产的利用率，通过对周转率进行计算，可以从数据得出企业在一段时期内整体生产、运营、管理水平的情况，再分析企业在哪些方面出现了问题，最后制定计划，统筹实施，快速提高企业的综合收益。周转率分为固定资产周转率和总资产周转率。

1. 固定资产周转率

固定资产周转率的计算公式是：固定资产周转率（次）= 销售收入 ÷ 固定资产平均余额

固定资产周转率越高，则周转天数越少，表明企业固定资产的利用效率越高，企业的获利能力越强；固定资产周转率越低，则周转天数越多，表明企业固定资产的利用效率越低，企业的获利能力越弱。

2. 总资产周转率

总资产周转率的计算公式是：总资产周转率（次）= 销售收入 ÷ 平均资产总额

总资产周转率越高，则周转天数越少，表明企业利用其资产进行经营的效率越高；总资产周转率越低，则周转天数越多，表明企业利用其资产进行经营的效率越低。总资产周转率低不仅会影响企业的获利能力，还会直接影响上市企业的股利分配。图7-3所示是各行业总资产周转率对比情况。

图7-3 各行业总资产周转率对比

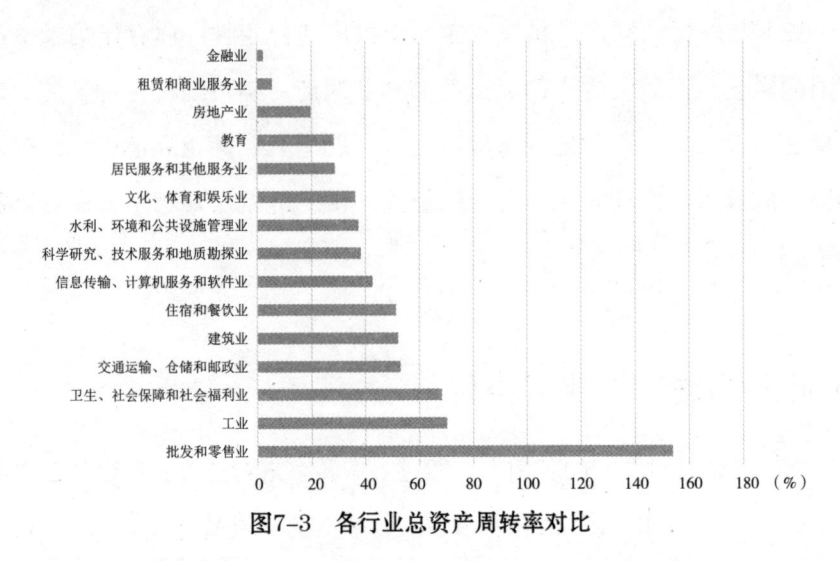

通过周转率指标的分析可以发现本企业和同类型企业在资产周转率上的差异，后续或有针对性地查找不足，或可继续扩大自身优势，保持企业对资产的高效利用和良性运转。

总资产周转率与流动资产周转率都是衡量企业资产运营效率的指标。一般来说，流动资产周转率越高，总资产周转率也越高（图7-4）。

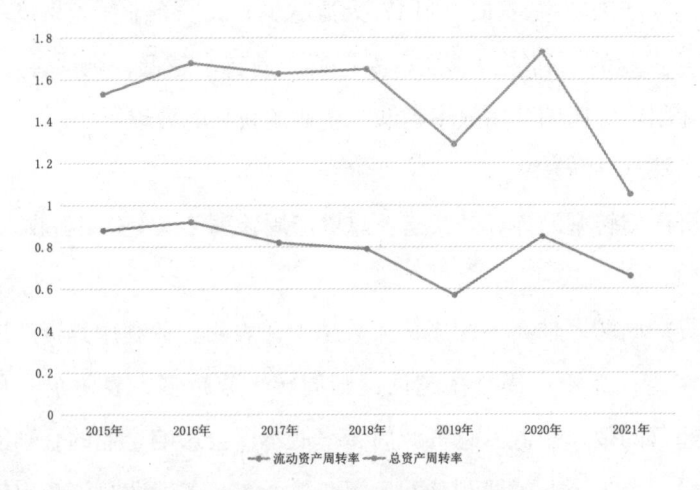

图7-4 流动资产周转率和总资产周转率

在实际经营中，不同企业的周转资产和周转指标是不同的，酒店行业将其称为"入住率",餐饮行业将其称为"翻台率",贸易行业称"库龄"和"账龄",制造行业称"周转率",地产行业称"项目周期"。现实中,大部分企业若想脱颖而出、提高竞争力,就得把周转率作为核心指标之一。把周转率放在重心上的成功企业比比皆是,比如商超行业中的沃尔玛,地产行业中的万科,餐饮行业中的海底捞。

把利益最大化作为企业成本管理的目标

成本管理的本质不是砍成本,而是管控成本和优化成本,要把利益最大化作为企业成本管理的目标。利益最大化是指用最少的投入得到最大的收益,确保在客户与企业之间的所有交易利益最大化。

成本 VS 利润,它们如同一个硬币的正反两面,彼此相互离不开,却又永远背向存在。利润一定与成本关联;成本又涉及生产、销售、财务等方方面面,如果这些方面都能为利润服务,企业经营就从成本中心变为利润中心。

稻盛和夫说:"经营就是如何扩大销售额、如何减小费用的问题,一点都不难。"❶ 京瓷和 KDDI 能保持几十年高利润,日航能从破产迅速转为盈利,都是因其按照"销售最大化、费用最小化"的经营原则来运营的。

贯彻"销售最大化、费用最小化"的经营原则,需要着重把握"何谓正确"的经营原点。也就是说,对于企业该降的成本,每一分都要节约;对于不该降的费用,一分都不能少花。

比如员工工资,不仅不能随便降,还应依据实际情况予以提升。在阿米巴的独立核算体系中,"人工费"不包含在"费用"里面,也就是对其不进行核算。因为阿米巴被划分成了许多非常小的组织,如果人工费也被核算,则相当于公布了每个人的工资数额。收入曝光必然会引发尴尬,即便某些员工的高收入是自己努力获得的,也会影响其他收入未达到预期的

---

❶《稻盛和夫:2022 年,一切从回归本质开始》,前瞻网,2022 年 02 月 11 日。

员工的情绪。当员工关系变得微妙，工作氛围方面就会潜藏危机。

京瓷创立之初，稻盛和夫看着做得非常专业的财务报表很头疼，不是他看不懂，而是这么专业的东西并没有帮助他的公司降低成本、提升利润。后来他提出了"销售最大化，费用最小化"的经营原则，每一名员工都必须贯彻。起初大家认为这就是老板因为赚不到钱而挥动的"三板斧"之一，另外"两板斧"是切割阿米巴和单位时间核算，"脑袋一热的杰作"执行不了多久就自行消失了。但谁也没有想到，稻盛和夫不仅在京瓷公司一直挥动着"三板斧"，将"三板斧"还挥到了KDDI和日航；如今只要导入了阿米巴经营模式的企业都在深入学习这"三板斧"，并且花样翻新，已经呈现"百斧齐挥"之势。

为了能让"三板斧"发挥最大作用，稻盛和夫还独创了一些措施用以保驾护航，比如定期召开经营分析会。

开经营分析会的周期一般与提交经营会计报表的周期一致，通常是以月为单位，更为细致的可以以周或日为单位。经营分析会是分步骤开展的，各企业根据企业实际情况确定步骤（详见图7-5）。

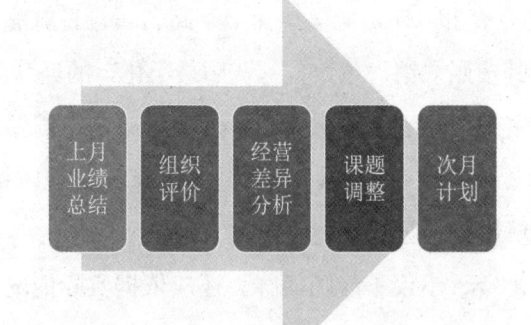

上月业绩总结 → 组织评价 → 经营差异分析 → 课题调整 → 次月计划

图7-5 阿米巴经营分析会的常规五步

经营分析会以改善阿米巴业绩为目的，通过分析阿米巴月（周/日）经营会计报表，找出经营中存在的问题，并制定出改善方案（计划）。改善的内容就是以"销售最大化、费用最小化"为经营原则，增加收入，节约成本，提高企业收益。

想办法获得最大利润适用于所有企业，不论采取怎样的经营模式，获取更多利润是非常重要的。做企业不是做慈善，必须要赚钱！

优化成本结构，提升企业效益

进行成本结构优化，不是砍成本，是该花则花，不该花的坚决不花。在保证产品质量过关的基础上使相对成本降低，既保证产品具有竞争力，又可提升企业效益。

A公司主营食品精加工，引入"全员智慧型"的降本增效经营模式，通过全公司上下两年的努力，实现了"SBU量化分权"和"Min-SBU量化分权"。

SBU即"战略业务单位"，企业的每个人都成为经营者，每个人都具有企业家精神。实现降本增效的原因就是SBU量化分权在企业中的进一步深化实施，是更加精细化的Min-SBU量化分权（图7-6）。

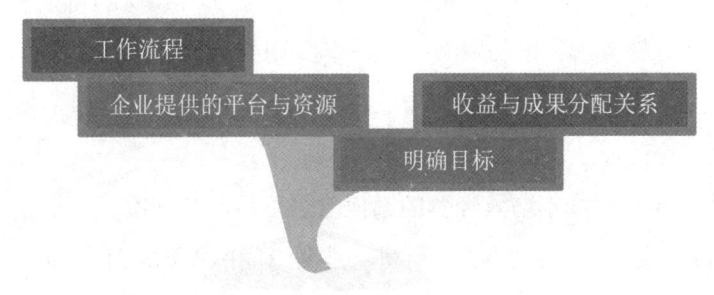

图7-6 "SBU"四因素

此前，A公司销售额连续三年在1亿元上下徘徊。实施降本增效经营后不到两年，其销售额突破3亿元大关，整体费用率在原基础上降低近10%，抵抗住了金融危机后主要食品原材料成本上涨高达26%和企业整体费用上涨8%带来的经营风险。

A公司有了如此巨大的改观是由于各方面的整体改变，但由于篇幅有限，我们仅对促销赠品费用所占比例这一个方面进行介绍。

在实施降本增效经营之前，A公司的促销赠品费用达到总支出费用的9.5%，有如此高的赠品支出费用只是因为大区经理们反映竞争对手的赠品费用支出比例都在10%左右，认为为了抢市场也必须这样做。

在实施降本增效经营后，通过经营会计报表直接反应各大区的利润指标。因为每个大区经理都有利润指标，销售额提升较慢，而大区经理们都知道降低费用支出是最快速提升利润的方式，但这种认识并未统一，各大区的做法也不一致。

一个月之后的业绩评价会议上，有的大区促销赠品费用率仍在10%左右，有的大区促销赠品费用率下降，最好的一个大区的促销赠品费用率已经接近8%。A公司高层看到了实质性变化，正式从经济和精神两个方面表彰赠品费用率下降最多的大区的全体员工。

三个月后，A公司的促销赠品费用率已整体降至总支出费用的6%以下，下降幅度接近原来的一半，效果非常显著。所有员工都在保证得到促销效果的前提下想方设法降低赠品费用的支出数额，几个月后赠品费用支出比例已经低至企业总支出费用的2.5%左右，到了降无可降的程度。

A公司将节约下来的资金中的一部分用于奖励员工。为了保证利润率持续提高，全体员工又把注意力放在了提高销售额上，开启了另一场全面提升之旅……

关于A公司降本增效经营的其他改进不再一一细说，一切皆围绕"扩大销售额、减少费用支出"，利润就是两者间的差额。经营企业不应拘泥于一些常识认知或固定概念，比如"原材料费"应占"总生产成本"的百分之几，"促销费"必须达到多少，等等。优化成本结构和提升销售业绩同样重要，需要两端不断拉伸，中间的利润空间才能最大化。

从业务流程中寻找成本控制的关键点

业务流程是为了达成业务目标而设定的一系列标准化步骤，具体呈现出业务执行过程的"先做什么与后做什么""谁做什么与谁不做什么",明确每个任务节点的负责人和其具体职能,保证各项业务有序无误地进行。如果业务流程出现了错误,业务执行必将出现问题,这会导致业务执行的无限迁延和业务执行费用的过度损耗。

因此,对业务流程的定期审查和重置被很多企业视为降低成本的第一妙招,企业管理者希望从业务流程的重组中找到控制成本的关键点。业务流程再造是对企业业务流程进行的再分析和再设计,在提升产品和服务质量的同时还能降低成本,使业务更顺利地执行。

"业务流程"是一系列活动的综合表述,这些活动又分为三类,分别是增值性活动、辅助增值性活动和非增值性活动。企业的业务流程的成本控制主要是提升增值性活动的价值,降低辅助增值性活动的存在感,剔除非增值性活动。

企业的业务流程通常环节众多,就像每条高速公路上都有若干个公里标柱,无论是管理人员、清洁人员还是司机,都不可能记住每一个标柱,但一定会知道每个收费站和服务区的位置,这些是出入高速公路(进退业务流程)和途中休息(执行中自检)的必备场所。因此,企业管理者不用对每项业务的全过程都了如指掌,但必须了解各项业务流程的关键节点,保证关键节点工作不出问题,整个流程任务就能顺利执行(详见图7-7)。

01 筹资活动流程控制
02 资金运营流程控制
03 销售业务流程控制

图7-7 业务流程中成本控制的三个关键节点

（1）筹资活动流程控制。在业务开展前和开展过程中，需要做好筹资活动成本的管理。企业管理者和流程相关执行人员要做到三点：①提出符合企业发展的筹资方案，从源头上达到降本增效的目的；②业务执行人员对筹资方案进行风险评估，如风险是否可控，会折损多少利益等；③制定周密的筹资计划，最大限度降低成本、提升效率。

（2）资金运营流程控制。资金运营流程包括审批、复核、收支点、记账、对账、保管、银行账户管理环节。其中，收支点和保管环节最为重要，前者要注重收入账的完整性，确保支出手续齐全；后者要注重保障财产完整与安全。

（3）销售业务流程控制。销售业务流程包括制定销售计划、开发客户和考核客户信用、销售定价、签订销售合同、发货、收款、售后服务等环节。过程中要谨防发生存货安全风险和应收账款风险，前者主要表现为未收到发货通知和提单，制单人有舞弊、私自发货等行为；后者主要表现为购买方出现财务困难，不能按期付款，甚至形成坏账。

企业成本倍减的"4R"之道

成本降低虽然不是利润增加的必然原因，却是利润增加的必要方式。作为企业管理者，我们不仅要考虑开源，更要重视节流，将企业的财务蓄水池的出水口缩小，才能让流进的水更多地留下。

降低企业成本的方法有很多，各种理论、公式、模型、矩阵都可以成为企业参考的依据。但在实际运用的过程中，有四项方法需要谨记；也就是无论运用什么方式降低企业成本，这四项方法都是必须使用的。

1. 减量化

一些企业因为一时的求大于供，就展开超量生产，导致库存积压，既耗用现金，又占用仓库空间，导致没有余力研发、生产新产品。

减量化还可以体现在采购上，一些企业管理者喜欢"囤货"，所谓"家有余粮不心慌"，但过量采购同样会耗用现金和增加库存，还会形成巨大浪费。如果商品更新换代了，很可能就意味着囤积的原材料都贬值了。

因此，企业无论是生产还是采购，都要根据市场需求制定详细的计划，虽然不能做到完美地精细，但也不能过量存货，应使企业的资本、存储和单位流转时间都保持在良性水平。

2．再利用

一个工地施工现场，工人们正在热火朝天地忙碌着，塔吊司机、木工、瓦工、钢筋工、电焊工都各司其职，一切看起来井井有条。但工地承建商仔细观察后却别有一番想法在心头，他会如此是因为他看到木工每次施工都是用整木料，剩余的就扔在一边作为废品了；瓦工在砌完一处墙后就丢弃了剩余的还能用的混凝土；钢筋工的工具损耗量非常大……

如果这些人是为自己家盖房子，会不会损耗木料、混凝土和工具呢？当然不会，他们一定会精打细算，只要能用的就绝不会浪费。再利用就是将一些被认为是废物、废料的生产资料或资源，通过收集、修复、翻新、再造，实现再次利用（有些东西可以数次再利用）。企业必须确立"循环再利用"的意识，减少浪费，降低成本。企业可以将一部分省下的钱用于奖励给员工，鼓励员工发挥"螺丝钉精神"。

3．再组织

初次制定的业务流程是难以满足业务流程的实际执行全过程需求的，因为在执行过程中会出现各种事先难以预料的情况，需要临时分析、临时设计、临时处理。再组织就起到了应对临时状况的作用，使企业在质量、成本和服务等方面得到改善。

戴尔公司向来以"零库存"著称，虽然不能完全做到"零库存"，但已无限接近。戴尔公司为福特汽车公司不同部门设计了不同配置的计算

机,哪个部门需要更换或更新计算机,戴尔公司立即就能知道。这种信息化平台做的工作就是对订货流程的再组织。❶

4. 再思考

企业管理者在思考如何降低成本时,不要局限于常规思维,而是要跳出常规,到非常规中看一看。

比如,很多企业管理者对加班都很认可,即便付出加班费也觉得很值。但是,所有的班都是必须要加的吗?其实,很多的班根本没必要加,是因为各种不必要的原因导致要加班。如果你是一家公司的老板,公司的员工经常加班,你就有必要想一想,到底是员工的工作能力不行,还是你的领导能力有问题。

企业费用分类与管控

费用成本与企业业务总量息息相关,费用成本管控的前提是成本性态管控。成本性态也称为"成本习性",是成本总额与业务总量之间依存关系的体现。成本总额是为取得营业收入而发生的营业成本费用,包括生产成本、销售费用和管理费用。成本总额按性态划分为固定成本、变动成本和混合成本三类。

1. 固定成本

固定成本是在一定条件下,成本总额不随业务量变动而变动的项目的成本,包括固定资产折旧费、房屋设备租赁费、财产保险费、固定底薪等。

固定成本总额具有不变性,可以用一条平行于横轴的直线表示,性态模型公式为 $y=a$;单位固定成本具有反比例变动性,单位产品负担的固定成本随着业务量变动而呈反比例变动,性态模型公式为 $y=a/x$(图7-8)。

---

❶《戴尔"零库存"供应链管理的秘密原来在这……》,搜狐网,2018年12月10日。

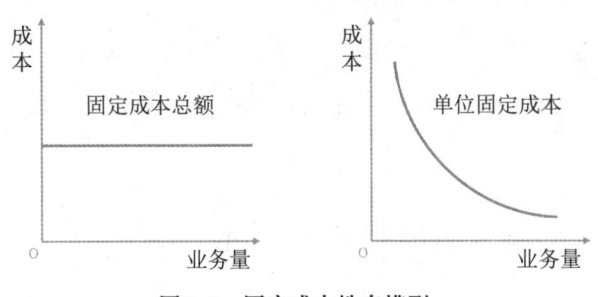

图7-8　固定成本性态模型

2．变动成本

变动成本是在一定条件下，成本总额随业务量变动而成正比例变动的项目成本，包括直接材料费用、燃料及动力费用、计件工资、业绩提成、运输费等。

变动成本总额具有正比例变动性，用一条以单位变动成本为斜率的直线表示，性态模型公式为 $y=bx$；单位变动成本具有不变性，表现为一条平行于横轴的直线，性态模型公式为 $y=b$。（图7-9）

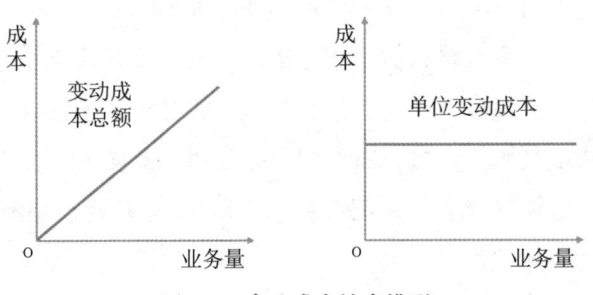

图7-9　变动成本性态模型

3．混合成本

混合成本是固定成本和变动成本以外的成本，包括半固定成本和半变动成本。半固定成本也叫"阶梯成本"，当业务量在一定范围内增长时，其发生额固定不变；当业务量增长超过一定范围时，成本将跳跃式上升，但在新业务量的某个范围内保持不变；当业务量增长再超过一定限度时，成本再次跳跃式上升。半变动成本通常有一个基数（相当于固定成本），在基数之上，业务量增加，成本也会增加。

混合成本虽然受业务量变动的影响，但其变动幅度并不同业务量的变动幅度保持严格的比例关系，既不呈正比例变化，也不呈反比例变化。

直接生产成本与间接生产成本

直接生产成本指成本费用发生与特定的产品存有直接关联的成本，通常为变动成本，也可能是固定成本。

间接成本指成本费用发生与特定的产品存有间接关联的成本，通常为固定成本，也可能是变动成本。

凡是有形物体，其成本构成分为三类：直接材料费用、直接人工费用和制造费用。直接材料费用一般属于变动成本，其体量虽大，但归属明确，核算固化；直接人工费用一般属于半变动半固定成本，其固定部分也有保底工作量关联，所以直接人工费用也可以归属为较模糊变动成本；制造费用包括固定制造费用、变动制造费用和混合制造费用。

制造费用相比直接材料费用和直接人工费用的最大差异在于，需要归集和分配，且因体量较大，若归集存在偏差或分配基础选取不当，对成本核算合理性影响较大。直接材料费用只需归集。直接人工费用虽然也需要归集和分配，但体量较小，分配偏差对成本核算合理性影响不大。

1. 直接材料费用

由销售部门根据客户需求，即动态变化决定采购的材料和数量；由研发部门根据产品成品性质决定采购材料的品质和可替代品；采购部门根据以往合作经验和市场变化决定向哪家供应商采购和大概费用是多少……可见，直接材料成本控制是一件复杂的事情，需要多部门协同合作实现。

企业直接材料成本控制以满足客户需求和企业生产为前提，控制焦点落在数量和单价上，具体方法为落实物料清单和采购竞价比价。

（1）落实物料清单。物料清单是计算物料需求、预估材料成本和按单领料的重要依据，主要用于三个场景：①高度标准化产品制造企业物料订单固化，以产品为会计核算对象，提前备货销售，物料采购相对稳定；②高度定制化产品制造企业（产品均为非标的定制化产品），以订单为会计核算对象，按订单独立设计物料清单，物料采购时间紧迫；③综合性产品制造企业——既有标准化产品，又有定制化产品，分别按照高度标准化模式和高度定制化模式处理。

（2）采购竞价比价。通过供应商遴选合理询价比价，优化采购批次，降低材料采购成本和相应采购费用。其中，常用材料采购成本的控制方法是设定安全存量和计算经济订货批量；专用材料采购成本的控制方法是按需采购和按订单采购，销售人员应随时掌握订单变化，避免专用材料储备不够或采购过多造成呆滞的情况发生。

2. 直接人工费用。

随着人工成本越来越高，占比越来越重，人工成本已经成为企业成本控制的重心，直接人工费用的控制方式包括：提高劳动生产率、完善人工薪酬结构、以自动设备工作替代人工等。

（1）提高劳动生产率。劳动生产率可以用同一劳动在单位时间内生产某种产品的数量表示（单位时间内生产的产品数量越多，劳动生产率越高），也可以用生产单位数量产品所耗费的劳动时间表示（生产单位数量产品所需劳动时间越少，劳动生产率越高）。提高劳动生产率的举措包括合理安排生产、改善劳动组织、强化岗位培训、建立岗位责任制等。

（2）完善人工薪酬结构。直接人工费用中的保底薪酬属于固定成本，计件薪酬属于变动成本。完善人工薪酬结构的举措包括保底生产量设计、保底薪酬设计、超额计件奖励设计、业务外包、内部承包等。变革分配机制永远比简单粗暴地强制减薪更能展现企业的创造力和动员力。

（3）以自动设备工作替代人工。人的积极与消极不易察觉，但机器设备可以通过程序设定实现不间断工作。机器不会有情绪，机器不用休年假，机器

也不用对其涨工资交社保。目前，很多设备的自动化程度越来越高，单纯从管理难度和成本效益角度分析，机器设备工作代替基础性人工是理性的做法。

3. 制造费用

制造费用是企业生产单位为组织和管理生产所发生的各项费用，包括车间管理人员薪酬、厂房及其折旧费、厂房及其租赁费、机器物料消耗费、水电能耗费、劳动保护费、检验试验费、财产保险费、维修费、差旅费、办公费等。

制造费用属于间接费用，通常是由于无法直接认定其生产费用组合而成为制造费用，制造费用控制可以概括为归集管控、分摊管控和目标管控。

（1）归集管控。有三项要点：①确保制造费用归集内容稳定、延续；②严格区分制造费用与其他成本费用；③归集期间必须与核算期间一致。

（2）分摊管控。分配方案应是经过大多数人认可且由决策者确认的，已经确定就须持续使用。制造费用分摊一般选取更接近企业实际的分摊方法，如材料数量占比、材料金额占比、机器工时、人工工时等方法。

（3）目标管控。虽然无法确定制造费用的标准目标，但为强化管控，必须根据历史数据和未来预测，确定制造费用的管控目标。确定不了长期目标，可以先尝试确定短期目标，根据实际情况再做调整。制造费用分为固定性制造费用（为主）和变动性制造费用（为辅）。固定性制造费用包括生产管理人员薪酬、厂房折旧费、机器设备折旧费、厂房租赁费、机器设备租赁费、财产保险费等；变动性制造费用包括水电能耗费、维修费、差旅费、办公费等。

第八章　资本运营：权衡收益和成本

投资决策中的财务支持和财务依据

作为企业管理者，我们必须明确投资活动的分类，通常分为对内和对外两种：①对内扩大再生产的投资包括构建固定资产、无形资产和其他长期资产；②对外扩张的投资包括购买股权、债权。

投资决策的制定应以数据和预算为基础，需对项目进行可行性分析和评估，同时关注投资项目引起企业现金支出和现金流入的动态变量，防止投资行为导致企业资金周转困难。

影响投资决策的重要指标是投资回收期和投资收益率。投资回收期也称为"投资回收年限"，即投资项目投产后获得的收益总额达到该投资项目投入的投资总额所需要的时间（通常以年为单位）。计算投资回收期的方法有很多种：按回收投资的起点时间分为投资项目之日起计算投资回收期和项目投产之日起计算投资回收期；按是否考虑资金的时间价值分为静态投资回收期和动态投资回收期。

投资项目之日起计算投资回收期：从正式投资项目的当日开始计算，正式投资与正式投产是不同的，投资仍处于协议阶段，下一步才是投产。

项目投产之日起计算投资回收期：从所投资项目开始正式产出的当日开始计算，投资从协议阶段落实到执行阶段，正式开始运作产出。

下面重点介绍静态投资回收期和动态投资回收期的概念和计算方法，以及投资收益率的计算方法。

1. 静态投资回收期

静态投资回收期的重点在于"静态",即不考虑资金的时间价值,而直接看在未来现金流量累积到原始投资数额时所经历的时间。计算静态投资回收期分为两种情况:①未来每年现金流量相等;②未来每年现金流量不相等。

当未来每年现金净流量相等时,项目静态投资回收期的计算相对简单,静态投资回收期=原始投资额÷每年现金净流量。

当未来每年现金净流量不相等时,则需要逐年加总现金净流量,最终确定投资回收期。设 M 是回收原始投资的前一年,则静态投资回收期=M+第 M 年的尚未回收额÷第(M+1)年的现金净流量。

2. 动态投资回收期

动态投资回收期的重点在于"动态",即考虑资金的时间价值,是以未来现金净流量的累计现值等于原始投资额的现值所经历的时间为投资回收期。具体做法是将投资项目各年的现金净流量按基准收益率计算现值,再推算投资回收期。计算动态投资回收期分为两种情况:①未来每年现金净流量相等;②未来每年现金净流量不相等。

当未来每年现金净流量相等时,计算公式为:原始投资额现值=每年现金净流量×($P/A,i,n$)。其中,P/A 为现值(本金);i 为利息率;n 为计算期数。

当未来每年现金净流量不相等时,根据累计现金流来确定动态投资回收期。设 N 是回收原始投资额现值的前一年,则动态投资回收期=N+第 N 年的尚未回收额的现值÷第(N+1)年的现金净流量现值。

3. 投资收益率

投资收益率又称"投资利润率",是指投资方案在达到设计一定生产能力后一个正常年份的年净收益总额与方案投资总额的比率。该指标表明投资方案正常生产年份中单位投资每年所创造的年净收益额。

投资收益率=(投资收益÷投资成本)×100%

通常情况下，该指标值越大，说明企业的投资收益越高。如果该比率小于企业的净资产收益率，说明企业的投资是失败的。

4. 中断亏损投资

如何判断一个项目是否处于亏损状态？首先估算出达到盈亏平衡时所需的年均现金流量，然后推算出达到这些现金流量所需的收入，最后推算出产生这些收入所需的销售量。

年均现金流量=[（销售单价－单位变动成本）×销售数量－固定成本]×（1－所得税税率）+折旧

以上模型公式计算比较专业，中小企业在做投资决策的时候，可以用简单方法进行。很多老板喜欢用回本期法，回本之后再赚的就是利润了。这个过程首先需要提前计算初期投资及运营资金，然后根据项目资金回收再计算回本期。比如，某项目需要初期投资和运营资金共500万元，开始经营后，每月回本25万元，回本期就是20个月，也就是一年零八个月。

当然，在进行实际投资的时候，不但要进行数据和财务的测试，还要进行多维度考虑和测算，比如对经营环境、产品选择、团队水平、股权结构、盈亏平衡点等进行考虑和测算。

融资决策中的财务支持和财务依据

与上一节所说的投资决策类似，融资也需要相关的财务支持和财务依据，以确保企业的融资过程更加规范和有效。

融资决策对于财务支持的起始性要求在于预测资金需求量，有两种方法可供选择：因素分析法和资金习性预测法。

1. 因素分析法

因素分析法又称为"分析调整法"，是以有关项目基期年度的平均资金需求量为基础，根据预测年度的生产经营和资金周转加速的要求，进行分析调整，预测资金需求量的方法。

因素分析法的资金需求量=（基期资金平均占用额—不合理资金占有额）×（1±预测期销售增减率）×（1±预测期资金周转速度变动率）

因素预测法计算简便，但预测结果并不十分精确，不适合品种繁多、规格复杂、资金用量小的项目。

2. 资金习性预测法

资金习性预测法的关键点在于"习性"，体现资金变动同产销量变动之间的依存关系，是根据资金占用总额与产销量的关系预测未来的资金需求量。按照企业资金占用总额与产销量之间的关系，资金可分为不变资金和变动资金。

不变资金是指在一定的产销量范围内，不受产销量变动的影响而保持固定不变的那部分资金，包括原材料的保险储备、必要的产成品储备、厂房、机器设备等固定资产占用的资金。

变动资金是指跟随产销量的变动而同比例变动的那部分资金，包括直接构成产品实体的原材料、辅助生产材料、外购件等占用的资金。

资金习性预测法的资金需求量=不变资金需求量+预测期销售量×单位产销量所需变动资金

A公司主营生产一种小型设备，年产销能力为1万～1.5万台，其中不变资金为600万元，单位产销量所需变动资金为每台400元。A公司2021年的销量为1.6万台，2022年预计销售量为2万台。A公司2022年预计资金需求量计算为：预测年度资金需求量=600（万元）+400（元）×2（万台）=1400（万元）。

3. 股权融资和债务融资

企业融资应先考虑成本较低、风险较小、灵活性较高的内部融资，当内部融资不能满足企业需求时，再考虑外部融资。当然，若企业需要大宗资金，则直接考虑外部融资。企业融资多采用股权融资和债务融资两种方式。

股权融资也称为"权益资本",是企业最基本的融资方式,是企业股东愿意让出部分企业所有权,通过采用企业增资的方式引进新的股东,同时使总股本增加的融资方式。股权融资作为企业的永久性资本,没有到期日,无须偿还,作为企业最基本的资金,代表了企业的资本实力。

股权融资的最大弊端在于分散企业控制权,影响企业管理层的人事变动和决策效率,对企业的正常经营形成负面效应。

债务融资是企业通过向银行借款、向社会发行企业债券、融资租赁以及赊购商品或提供劳务等筹集和取得的资金。

债务融资的最大缺陷在于财务风险较高,通常要求企业具有相当的资产规模和经营规模,中小企业进行债务融资存在很大困难。

企业并购、杠杆收购、管理层收购

企业并购包括兼并和收购两层含义,即两种方式。国际上习惯将兼并和收购合在一起使用,统称为 M&A,在我国称为"并购",即企业之间的兼并与收购行为,是企业法人在平等自愿、等价有偿基础上,以一定的经济方式取得其他法人产权的行为,是企业进行资本运作和经营的一种主要形式。

企业并购是企业产权变动的基本形式,是企业实现扩张和发展的基本途径。企业并购的实质是一个企业取得另一个企业的财产、经营权或股份,并对另一个企业发生支配性的影响,让存量资产变成增量资产,实现价值提升。企业并购主要包括合并、兼并、收购三种形式。

合并的最终目的是谋求企业的价值增长。直接行为是:一个企业通过产权交易,用合并的方式吞并其他企业;间接行为是:一个企业通过购买其他企业产权的方式取得绝对控股地位,而使其他企业成为其全资子公司或控股子公司。

兼并是一个企业以现金、证券或其他形式购买取得其他企业的产权,使其他企业丧失法人资格或改变法人实体,并取得对其他企业的控制权的经济行为。兼并主要有四种形式:①购买式兼并——兼并方出资购买被兼并企业的资产;②承担债务式兼并——在资产和债务等价的情况下,兼并方以承担被兼并方债务为条件接收其资产;③吸收股份式兼并——被兼并企业的所有者将被兼并企业的所有净资产作为股金投资兼并方,成为兼并方企业的一个股东;④控股式兼并——一个企业通过购买其他企业的股权达到控股,实现兼并。

收购是指企业用现金、债券或股票购买另一家企业的全部或部分资产/股权,以获得该企业的控制权。

根据买方企业与目标企业所属行业、买方企业战略、并购出资方式划分的不同,可以对并购进行不同分类(表8-1)。

表8-1 并购的分类

分类方式	类别	解释
根据买方企业与目标企业所属行业的关系	横向并购	商业上竞争对手间的并购
	纵向并购	买方企业并购与其生产经营紧密相关的企业,可分为前向并购和后向并购
	混合并购	从事不相关类型经营活动的企业的并购
根据买方企业的战略	基于成长战略的并购	以企业扩张性成长为目的的并购
	基于行业整合的并购	以促使产业集中、优化产业组合、提升产业结构、提高增进企业绩效为目的的并购
	基于重组获利的并购	以提高资本效率和淘汰落后为目的的并购
根据并购的出资方式	出资购买资产式并购	并购企业使用现金购买目标企业全部或大部分资产,以实现并购
	出资购买股票式并购	并购企业以现金、债券等方式购买目标企业一部分股票,以实现控制目标企业经营权的目的
	以股票换取资产式并购	并购企业向目标企业发行自己的股票,以交换目标企业的大部分资产
	以股票换取股票式并购	并购企业直接向目标企业发行自己的股票,以换取目标企业的大部分股票

杠杆收购又称"融资并购""举债经营收购",是企业兼并的一种特殊形式,是指收购方企业或个体利用收购目标企业的资产或将来的现金流入作为债务抵押,大量向金融机构借款,用于收购目标企业的全部或部分股权的行为。

管理层收购是杠杆收购的一种特殊形式。当杠杆收购的实施主体是目标企业内部的管理层时,就构成了管理层收购(图8-1)。当收购的实施主体是目标企业内部的员工时,就称为员工收购。无论管理层收购还是员工收购,主要目的都是激励企业内部人员,调动其积极性,降低代理成本,改善企业经营状况。

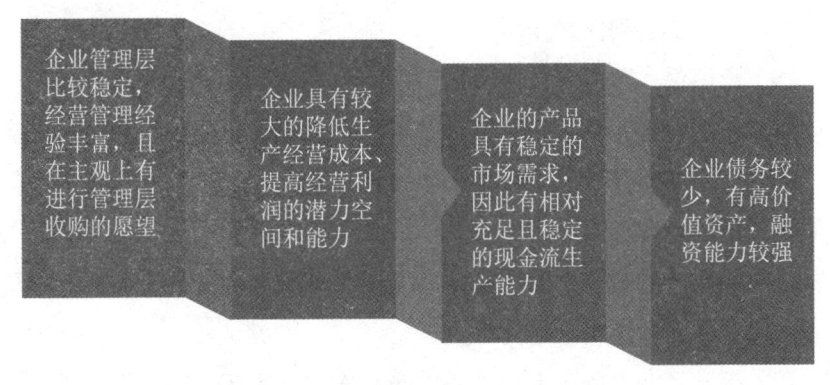

图8-1 管理层收购应具备的条件

企业上市的好处与优势

一般认为,企业上市就是为了更多地募集资金,将市值拉高,以便更多地融资,形成资金规模上的良性循环。但能上市的企业都是已经做大做强的,其上市的目的已经脱离了常规认知中的"圈钱"。为什么有钱了还要选择上市呢?是因为上市对企业有诸多好处,对企业发展有诸多优势。

好处:

(1)强力吸金。企业上市及日后均有机会筹集资金,用以改善企业的资金架构和扩展业务。且因为相关法律和政策对上市企业给予了最大程度的支持和倾斜，如允许上市企业发行债券、用二级市场交易的股票市值作为质押物向银行融资等，为上市企业拓展了最多元的融资渠道。

（2）广泛激励，吸引资金。当企业经营遇到困难或者业绩较好时，可以通过采取股权奖励吸引员工投资，或者通过分红吸引外部资金进来，以提高企业股价。

（3）风险分摊。上市企业所有者将企业的一部分卖给大众，相当于让更多的人和自己一起承担风险，自己的风险就降低了。

（4）佩戴"安全帽"。企业上市后就成为公众性企业，因此上市企业发起人股东的利益将和最广大的购买股票的人民群众的利益联系在一起，对财产的安全能起到保护作用。

（5）价值最大化。企业上市后，股东权益的衡量标准将发生变化。未上市前拥有的资产只能通过资产评估的价格反映其价值，但将资产证券化后，通常用二级市场交易的价格即可直接反映股东价值，股东价值能够得到最大程度地体现。

（6）便于流通变现。上市企业的股票具有最大程度的流通性，股票持有者可以选择多种形式传承资产。

（7）提升企业声望。无论是举办新品发布会，还是新闻发布会，上市企业更容易得到商业界、投资者、新闻界以及消费者的关注。

优势：

（1）筑巢引凤。上市企业对市场上的人才是有天然的吸引力，若再向员工授予上市企业的股票认购权作为奖励和承诺，能够增加员工的归属感。

（2）产生广告效应。证券市场发展到现在，上市企业仍是稀缺资源，其必然成为所有财经媒体、中国股民每天关注的对象。

（3）客观上促使进步。企业上市后，因为要面对较为严格的披露，企业的各项效率必须提升，借以改善企业的管理及营运系统，使企业运作更加规范。

（4）建立信用。企业上市后，透明度增加，有助于其在间接融资市场上建立较高的信誉，既能增强大众对企业的信心，又能便于银行以较有利条款批出信贷额度。

（5）促进销售通道的建立。企业上市后，市场会帮其做大量的宣传，尤其是业绩良好并受国家重视的行业企业，无形之中会引来众多投资者和合作方的青睐。

（6）利用股票收购其他企业。上市企业可以利用二级市场的股票价格直接以股票的形式来购买其他公司。未上市企业只能进行估价，往往高于同等规模已上市企业的估价。

（7）利用股票调动员工积极性。上市企业会用认股权等方式激励企业核心成员，以提升其工作积极性。

借壳上市

借壳上市是指一家未上市企业的母公司（集团公司）通过把资产注入一家市值较低的已上市企业（壳公司），得到该企业一定程度的控股权，再利用其上市企业的地位，使母公司得以上市。

"壳公司"就是壳资源，是已上市企业具备发行股票、增资扩股的资格和能力。借壳上市的优势很明显，可以用很低的成本在短时间内100%实现上市，避免了走直接上市的繁杂审批程序、缴纳高昂的费用与面对不确定性带来的风险。借壳上市作为资产重组的特殊方式，是实现企业价值增长的有效手段，但对于"壳公司"的选择也要慎重，因为"壳公司"基本都处于经营不善的状态，甚至出现大量负债或是诉讼问题以及其他不良经营记录等，只剩下上市资格最具吸引力。因此，一旦"壳公司"选择不当，很可能还未实现上市，就将企业拖入深渊。

选"壳"最重要，选择好的"壳公司"才是创造价值的基础。需要从"壳公司"的规模大小、股本结构、市场价值、行业状态和财务状况等方面考量，理想的"壳公司"应具有七个特点：①与收购企业的主营业务相关联，易于融合；②股权结构和负债比例合理，不至于造成收购困难；③资产质量相对较好，"壳"的政策约束较少，能增强获利能力；④股价不高，规模不大，有利于将交易成本降到最低；⑤原股东人数适当，过少不值得公开交易，过多会增加额外支出费用；⑥不应有股权及控制权问题，以免给自己造成麻烦；⑦不应有任何经营、法律、财务上的历史污点，也不涉及任何既有、现有法律诉讼。

在非上市企业买"壳"后，需力求变革和整合"壳资源"，将"壳"内的旧的不良资产出售或置换剥离出去，将非上市企业有发展潜力和获利能力强的优良资产注入"壳公司"，同时还可能伴有其他资产重组行为，从而彻底调整"壳公司"的资产结构。当"壳公司"正常运行后，利用适当的时间实施配股或增发新股，完成增量资产对存量资产的再次调整与整合，进一步完善"壳公司"的资产质量和提升获利能力。

下面介绍分拆上市。

分拆上市有广义和狭义之分。广义的分拆包括已上市企业或未上市企业将部分业务从母公司独立出来单独上市；狭义的分拆是指已上市企业将其部分业务或者某个子公司独立出来，另行公开招股上市。

分拆上市后，原母公司的股东方面虽然在持股比例和绝对持股数量上没有任何变化，但是可以按照持股比例享有被投资企业的净利润分成，而且子公司分拆上市成功后，母公司将获得超额的投资收益。

2000年2月22日，同仁堂第一次股东大会通过议案，同意投资1亿元（账面值）与其他发起人共同发起设立北京同仁堂科技发展股份有限公司（以下简称"同仁堂科技"），注册资本1.1亿元。同仁堂以制药二厂、中药提炼厂等实物资产及部分现金投入折股1亿股，占总股本的90.9%；大会明确表示新公司争取在香港创业板上市。2000年3月22日，同仁堂科技在北京宣布成立，同年10月31日，同仁堂控股的同仁堂科技在香港

创业板挂牌交易。❶

分拆上市在为子公司、新业务获取资金资源的同时，也有助于完善子公司激励机制，满足不同投资人的诉求，帮助子公司价值发现，并降低上市公司财务风险。

自从2000年同仁堂分拆子公司同仁堂科技至其港交所上市，成了A股公司分拆上市第一股。为了鼓励更多企业做优做强，活跃市场经济，2019年，证监会发布了《上市公司分拆所属子公司境内上市试点若干规定》。此后，A股分拆案例开始增多。伴随着多层次资本市场逐渐设立，科创板、创业板、北交所也为各类创新子公司提供了较为友好的融资环境，使得分拆上市日渐成为各方"多赢"的策略。

至今日，A股和港股分拆上市呈现出许多持续加速、模式迭出、多点开花的热点现象。分拆上市先行落地的成功企业案例中不乏"多段分拆"做大做强的成功案例，如信义玻璃、京东集团、威高股份等。信义玻璃先后分拆出3家上市公司，并在港股形成"信义系"；京东集团亦分拆了京东健康、京东物流在港上市。

公司分拆上市的优势是什么？

首先，为子公司、新业务获取资金和资源，降低融资难度，提高集团整体影响力。

其次，完善公司子业务激励机制，提高公司治理成效。从经营的角度看，业务的分拆有助于帮助公司聚焦主业，同时分拆后子公司在经营的独立性方面获得保障，优化了激励机制。

最后，满足不同投资人诉求，帮助子公司价值发现和价值提升，优化财务。对于多元化经营的公司而言，分拆后子公司能够得到独立估值。特别是当子公司的业务占比在母公司体内较小时，子公司在分拆后甚至可获

---

❶《同仁堂第二大股东：同仁堂分拆上市内幕》，上海证券报网络版，2000年11月2日。

得远高于母公司的估值，成为集团新星。地产公司频频分拆物业板块上市便是这样。

同时，在实务中，上市公司经营良好，现金流较优，但可能发展空间较小；而新业务前景看好，却需要巨大的资金消耗。此时，上市公司股东层面会产生较多分歧，部分保守的股东可能并不希望依靠上市公司现有现金流不断输血新业务，分拆则可降低上市公司财务风险，满足不同股东的诉求。

然而，分拆上市亦需冷静思考：母公司的"空心化"、母子公司同业竞争、子公司经营独立性这三大最易引发的分拆风险也需要企业防范与警惕。

下篇 税务

第九章　老板必须了解的"金税四期"

"金税工程"：税收管理信息系统的构建

深化税收征管制度改革正在如火如荼地进行，到2023年，将基本建成"无风险不打扰、有违法要追究、全过程强智控"的税务执法新体系。[1] 随着中国税务体系的完善，纳税成为企业管理者不可回避的现实课题。

"金税工程"是经国务院批准的国家级电子政务工程之一，目的是构建覆盖全国的、统一的税收管理信息系统。

1994年到2000年经历了金税一期和金税二期。2001年，金税三期系统自上线以来，集合大数据评估和云计算功能，不仅实现了国地税数据的合并，还通过互联网将工商、税务、社保等有关部门的信息打通，同时对岗责体系和征管流程进行梳理和配置，是对税务系统业务流程的全面监控。

金税三期 = 一个平台（网络硬件和基础软件统一技术平台）+ 两级处理（所有数据信息在总局和省局两级集中处理）+ 三个覆盖（覆盖全部税种，覆盖所有工作环节，税务局与相关部门联网）+ 四类系统（征收管理软件、行政管理软件、决策支持软件、外部信息软件四类系统）

金税三期还只是处在征收管理系统阶段，金税工程的核心在于防伪税控，因此金税四期是金税三期的升级版。金税四期企业信息联网核查系统搭建了各部委、人民银行以及银行等参与机构之间信息共享和核查的通

---

[1]《中共中央办公厅 国务院办公厅印发〈关于进一步深化税收征管改革的意见〉》，新华社网，2021年03月24日。

道，实现企业相关人员手机号码、企业纳税状态、企业登记注册信息核查功能的使用（见表9-1）。

表9-1　金税四期

资金控税	非税业务	税务机关负责的税费全部监控
	交互共享	建立与各部委、人民银行等的信息通道
信息控税	信息核查	企业相关人员手机号、纳税状态、等级注册信息查询
	云化打通	税费全数据、全业务、全流程监控

新的税收征收管理系统将充分运用大数据、人工智能等新一代信息技术，实现智慧税务和智慧监管。下面详细解释相比金税三期，金税四期进行了哪些升级，以及对企业的税务筹划有怎样的影响？

升级：

（1）增加非税业务管控，社保也纳入税务局管理并通过金税四期工程进行征管。

（2）增加与人民银行的信息联网，进行严格的资金管控。

（3）增加企业相关人员身份信息及信用的管控。

（4）增加云化服务，全流程智能办税，为智慧监管、智能办税提供条件和基础。

影响：

（1）数据共享。以大数据为支撑，实现描绘每个经营主体全业务、全流程、全国范围内的"数据画像"，未来每家企业在税务机关面前都是透明的。

（2）更加精准。数据越多，画像越准，涉税风险也越加明显。比如稽查，先归集疑点数据，发现风险点，再"按图索骥"去稽查。

税务局大数据征管与涉税情报管理

为了加强税收征管力度，近年来税务总局持续开展信息化建设，构建起税务大数据云平台,不断集中、整合内外部数据资源,统一规范数据应用范畴。构建开放协作的税务数据生态环境,为充分发挥税收大数据服务国家治理作用提供有力支撑。可以说,使用大数据征管的步伐在加快,力度前所未有。

金税三期虽然实现了一定的风险扫描功能的使用,但离"精准"还有很大差距。通过金税四期归集税收大数据,可以更加有效、精准地实施监管,企业"画像"会更加精准地描绘,实现从一视同仁的"无差别监管"向以风险为导向的"精准监管"转变。曾经的税务稽查更像是抽查,总会有漏网之鱼,如今的税务稽查变成了求证的过程,是验证"查证系统筛查风险点"的过程。

随着纳税人规模不断扩大,跨境、跨区域、跨行业经营种类日渐广泛,纳税人生产经营从实体化向虚拟化、电子化转变,征纳双方信息不对称现象日益突出。涉税数据获取是解决信息不对称问题的有效途径。因此,对第三方数据的采集变得非常重要,数据通过集中、拓展、整合到税务大数据云平台数据库,既有助于解决征纳双方信息不对称问题,又能为税务机关分析研判企业经营行为提供数据支撑。数据供应商应具有的主要能力有:①数据供应商具有较丰富的数据供应经验,有数据获取能力和数据研究成果;②数据供应商能够合法合规获取并提供第三方数据;③数据供应商须确保第三方数据及时、完整、可靠地集中至国家税务总局。针对集中至国家税务总局的第三方数据,按照大数据云平台数据库的标准和要求,定期进行更新和整合。

对于金税四期,不少企业管理者存在误解,认为"企业在税务机关面前是透明的",那么自己作为经营者,是不是也成了"小透明"?

其实,金税四期虽然具有数据收集、整合和分享的功能,但并不是随意取用,还涉及保密问题。信息"在库"是一回事,信息"使用"是另一回事。比如,根据《中华人民共和国税收征收管理法》的规定,查看企业银行账号信息需要县级以上税务局长的审批,有授权原则的限制:即使税务机关的信息库内存有信息，也需要授权才能查看。所以，只要企业按要求、按规定建账缴税，金税四期再智能也无妨。

此外，关于很多企业管理者关心的税务机关将与银行信息共享、企业的银行流水信息将被税务机关全面掌握的问题。其实这也是不影响的，因为金税三期的税务机关的稽查部门通过审批程序也可以查看企业的银行流水。对于这些信息，税务机关只要有需要，随时可以查看。

税收征管必将越来越规范，这是毋庸置疑的。如果企业当下存在税收风险，要做的只能是尽早规范操作，消除风险。在金税四期税收大数据的监管下，征管方式从"以票控税"向"以数治税"转变，从前的"没开发票就万事大吉"的想法已成过去式。在数据面前，遮掩和辩驳将显得苍白无力。

"税费"全数据、全业务、全流程"云化"打通

在"金税三期"的基础上，纳入"非税"业务，实现对业务更全面的监控，再加上各部委、人民银行以及银行等参与机构之间信息共享和核查的通道建立，实现企业相关人员手机号码、企业纳税状态、企业登记注册信息核查三大功能使用，"金税四期"的推行将实现"税费"全数据、全业务、全流程的"云化"打通，为更严格、更精准、更全方位智能化税务稽查打下了基础。税务的"监管天网"越来越严密，企业违法成本越来越高。

"金税四期"上线解决了国地税合并和税务机构内部信息不畅通和信息不对等的问题，实现了公平税负，净化了营商环境，破除了一些纳税陋习观念，如"人情税费观""运气税费观""无赖税费观"和"有胆无识税费观"。改变旧有的不正确观念，短期内一定比较痛苦，但长期来看必然对纳税人是一件好事。过去那种"不偷税漏税就是吃亏"的想法不再有立足之地，企业管理者可以将精力用于业务经营，经营上取得更多收益，远比绞尽脑汁算计节省税费来得实惠。

对于纳税这件事，如果老板总是在各种小事情上斤斤计较，这些人永远不会成为大财富的拥有者。一个人的精力是有限的，也是宝贵的，将有限且宝贵的精力用在获利并不大甚至是很小的事情上，本身就是吃了大亏，何来占便宜呢？做企业和做人是一样的道理，如果一个老板总是盯着仨瓜俩枣耗费心力，那么他很难打开格局，也很难有思维上的突破。在发展日新月异的现代社会，没有格局、没有见识、无法突破的企业管理者根本没有机会带领企业发展壮大。

况且，税收是国之根本，国家征税取之于民用之于民。生活在和平稳定和持续发展的国家是每个人的福气，而这福气不是上帝赐予的，是每个人共同努力获得的。企业努力经营，个人努力工作，按时按规为国家缴纳税金，这些钱就是维护国家安全稳定和实现国家持续发展的基础，所以说偷税漏税就等于偷走了自己的福气。

当企业管理者真正从内心重视税费政策了，整个税费环境就会趋向公平。在公平的大市场背景下，企业拿出自己的本领去锤炼自己的企业，招录精英人才打造过硬的团队，才能使企业稳定良好地发展。

税务局的"电子底账"

电子底账系统中建立了及时、完整、准确的发票电子底账库，也称为"开具发票信息库"，即纳税人开具的发票的全票面信息，包括汉字和数字内容都会实时加密上传，生成的电子底账库。

电子底账之所以厉害，是因为税务机关在大数据的基础上，采用了及时且强力的税控系统，并建立起全国统一发票验票平台。税务机关实时采集包括交易双方姓名、交易商品名称、交易金额、数量、单位等内容在内的项目信息。税务机关实时采集、监控纳税人开具发票的情况，分析发票的异常，申报异常的纳税人，并借助调整离线开票参数远程控制纳税人的税控系统，暂停纳税人开票，实现事前防范和快速处理税务风险。

电子底账系统实现了一般纳税人和小规模纳税人均可以通过一个系统开具增值税专用发票、增值税普通发票、机动车销售统一发票和增值税电子普通发票、增值税券式普通发票。

电子底账系统向一般纳税人提供进项税专用发票数据，向受票方及相关第三方提供普通发票数据查验服务，实现发票真票真开，会计人员、审计人员均可以通过计算机对每一张发票查验、核对。

通过上述讲解，可以知道金税四期的电子底账的使用涉及开票、存储、筛选三层防范（详见图9-1）。

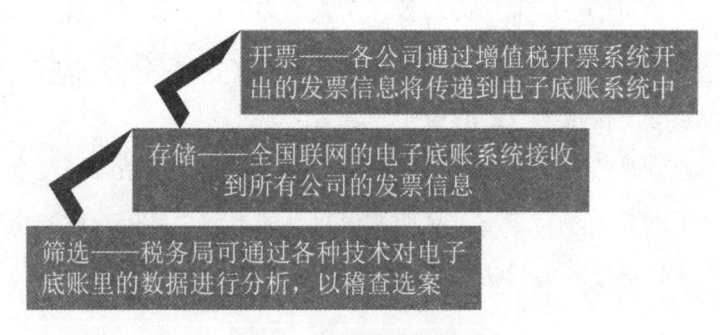

开票——各公司通过增值税开票系统开出的发票信息将传递到电子底账系统中

存储——全国联网的电子底账系统接收到所有公司的发票信息

筛选——税务局可通过各种技术对电子底账里的数据进行分析，以稽查选案

图9-1 电子底账的使用

以上说了很多电子底账对于实现全面、公平税收的重要作用和具体运用方式，那么如何才能形成电子底账呢？一句话：以企业的身份证号（纳税识别号，即三证合一统一代码）为唯一的归集信息线索，全国、全网、全业务智能抓取数据形成全能电子底账。具体抓取以下五种数据：

（1）企业开给客户的各种发票；

（2）全国开给企业的各种发票（包括ETC电子发票、农产品收购发票、税务窗口和第三方平台代开发票、二手车和4S店开票等以报销单形式或其他载体存在的发票）；

（3）工资表申报到税务系统的工资：社保基数、个税扣缴、企业所得税工资成本以及残保金工会经费；

（4）银行对企业对公账户和老板私卡进出资金抓取数据；

（5）月末会计自制会计单据（折旧计算表、成本计算表、摊销或计提说明）在取得发票时数据就已被抓取。

企业会计是用借贷复式记账方法将原始单据进行编号管理和出具财务报表数据；税务电子底账是机器人抓取数据出具各种风控指标。机器人收到会计财务报表和纳税申报表后，取数计算各种风控指标，再比对企业方和税务方的指标，就能发现企业是否存在涉税问题。

新财税政策下的三种用工法律关系

新财税政策的颁布和运行深刻地影响了劳动关系、劳务关系和经济关系，这三种法律关系也直接影响着企业的运行和发展。

1. 劳动关系

劳动关系 = 劳动合同 + 工资支付 + 社保缴纳

劳动关系是指劳动者与用人单位依法签订劳动合同，因而劳动者与用人单位之间产生的法律关系。

一些企业管理者为规避为员工缴纳社保而不和员工签订劳动合同；当出现劳动纠纷时，员工利益将得不到保护。更有甚者，不仅不签订劳动合同，还出现了不给员工发放工资的情况。还有一些企业虽然同员工签订了劳动合同，但仍然不给员工缴纳社保。

在任何时期这些违法行为一经查出，都会受到惩罚。但在新财税政策下，会暴露得更快，因为"每家企业在税务机关面前都是透明的"，不缴纳社保和不发放工资这两种最为低级的逃税赖账行为岂能逃过税务机关的重拳，一经查出将面临极其严厉的处罚。

《中华人民共和国社会保险法》第八十四条规定："用人单位不办理社会保险登记的，由社会保险行政部门责令限期改正；逾期不改正的，对用人单位处应缴社会保险费数额一倍以上三倍以下的罚款，对其直接负责的主管人员和其他直接责任人员处五百元以上三千元以下的罚款。"

《中华人民共和国社会保险法》第八十六条规定："用人单位未按时足额缴纳社会保险费的，由社会保险费征收机构责令限期缴纳或者补足，并自欠缴之日起，按日加收万分之五的滞纳金；逾期仍不缴纳的，由有关行政部门处欠缴数额一倍以上三倍以下的罚款。"

2. 劳务关系

劳务关系 = 劳务协议 + 劳务费用 + 意外风险防范

劳务关系是劳动者和用人单位根据口头或书面约定，劳动者向用人单位提供一次性服务或特定的劳动服务，用人单位依据约定向劳动者支付相应的劳务报酬的一种有偿服务的法律关系。

不少企业因为劳务关系与劳动者产生纠纷，如劳务协议纠纷、劳务范围纠纷、劳务性质纠纷、劳务费用支付纠纷等。从表象看是协议有漏洞或有歧义，但深层原因是企业经常搞混劳动关系和劳务关系。

（1）劳动关系发生在企业内部，劳动者从属于用人单位；劳务关系可以建立在自然人之间，双方从属关系微弱。

（2）劳动关系中的劳动者会跟用人单位签订正式劳动合同；劳务关系中的自然人一般为临时工作人员，多为口头约定或签订简单的劳务协议。

（3）劳动关系下签订的劳动合同有最低薪资、工作内容、工作时长、休假待遇、意外状况、离职情况等明确规定；劳务关系中的劳务协议相对简单，一般只涉及工作内容、工作时长和费用报酬三项。

建议劳务关系发生时也签订劳务合同，双方要认真协商签订劳务协议，明确工作内容、工作时长、劳务费用，并对某些不可预知情况进行商讨，做好意外风险防范。

3. 经济关系

经济关系 = 承包（承租）协议 + 承包费用 + 自行承担风险

一些企业在经营过程中会发生承包业务、承租对方房产等情况，自然会产生承包费用，也会连带形成一些经济风险。建议企业在发生此类情况时签订承包（承租）协议，约定承包费用及支付方式，约定不可抗力的风险划分。

作为企业的管理者，我们一定要重点关注新财税政策对三种法律关系的规定及其影响，合法、合规地处理好这三种关系。

第十章　涉税风险分析及管控

企业税务风险分析

企业税务风险分析包括四个方面的内容：企业管理者纳税意识、财税人员专业水平、企业管理效率和法律常识。做到该四项是依法依规积极纳税的基础，任何一项出现问题，就会引发企业的税务风险。下面分别分析这四项各项情况不好时会发生的事。

1. 企业管理者依法纳税意识薄弱

企业管理者总是对企业的研发、生产、销售、售后等方面工作更为关注，对于依法纳税则关注度不高，税务风险防范意识更是不够，往往是风险发生时才知道原来企业一直在"带病"运行。

对企业税务工作不够关注的管理者可以分为两类：一类是对财税工作对企业发展的重要性认识不够，觉得只要该缴的都缴了，就一切都做好了，却不知很多该缴的根本没有被列入企业的税务筹划范围内，在无意间形成了税务风险；另一类是自顾企业经济效益，对国家法律置于不顾，在经济利益的驱使下做出偷逃税的违法行为。

2. 企业相关税务工作人员专业水平不足

税务机关在稽查企业税务工作时，经常会遇到企业主观方面并不想偷逃税，但由于企业的财税工作人员的专业水平不够，在相关税务业务的办理过程中，对国家制定的税收方面相关的法律法规没有全面深入地掌握，导致偷逃税的实质性行为的发生。

为了保证国家的税收稳定，也为了维护税收的公平，并且任何国家的税收相关法律都很复杂，这就要求企业的财税工作人员必须充分掌握各税法法律法则，具有能够全面处理企业财税工作的能力。这是不容打折扣的。企业管理者重视财税工作人员的能力应该和重视技术人员的能力一样，毕竟财税工作也是牵一发而动全身的。

为确保财税工作人员的能力提升能够与时俱进，除了财税人员要不断保持学习精神，企业要承担一部分责任，多为财税工作人员组织财税方面的培训。

3. 企业管理效率低下

企业的税务工作管理水平受到企业管理效率的制约。管理效率低下的企业由于管理者对可能存在的各种风险（包括税务风险）不能及时采取积极的应对措施，往往会导致经营风险的爆发。管理效率低下的企业也不能根据税法的变更、税务政策的变更深入剖析其对企业产生的影响并积极改进，而是任由企业在充满税务风险的道路上越走越远。

企业的管理效率不仅决定了企业的经营能力，也决定了企业应对财税风险的能力。在很多时候，财税风险的爆发同样能要了企业的命。

4. 企业信息被人为修改

一些企业在做强做大后，进行上市融资成了其不二选择。但上市谈何容易，需要经过层层审查，全部符合要求才有机会通过。为了加快这一进程，一些企业进行资产重组，对不良的经营业绩加以瞒报，以规避企业今后退市后遭遇的风险。更有个别企业为了同市场推广配合，采取各种非法手段，如利用会计手段编制虚假报告，再如以关联交易方式操控利润。诸如此类的行为必然会导致企业的会计信息失真，企业经营成本从预算到结算的全过程均处于失真状态。

企业涉税风险行为自查

如同对其他风险进行自查与防控一样,企业的涉税风险也可以通过自查找出后排除。下面列出企业需要做涉税风险自查的一些情况。

(1)采取赊销和分期收款方式销售货物,书面合同约定的收款日期的当天或无书面合同(或书面合同没有约定收款日期)的,货物发出的当天是否未做销售收入处理。

(2)采取预收货款方式销售货物,货物发出的当天或生产销售生产工期超过12个月的货物,收到预收款时或者书面合同约定的收款日期的当天是否未做销售收入处理。

(3)采取托收承付和委托银行收款方式销售货物,发出货物并办妥托收手续的当天是否未做销售收入处理。

(4)采取直接收款方式销售货物,收到销售款或取得索取销售款凭据的当天是否未做销售收入处理。

(5)委托其他纳税人代销货物,收到代销单位的代销清单或者收到全部或者部分货款的当天是否未做销售收入处理。

(6)销售应税劳务,提供劳务同时收讫销售款或者取得索取销售款的凭据的当天是否未做销售收入处理。

(7)有无账面已计销售,但账面未计提销项税额,未申报纳税;有无账面已计销售、已计提销项税额,但未申报或少申报纳税。

(8)采用还本销售方式销售货物,有无按减除还本支出的销售额计提销项税额;采用以旧换新销售方式销售货物,有无按新货物的同期销售价格计提销项税额(金银首饰除外)。

(9)有无将货物交付其他单位或者个人代销,未做视同销售处理;有无销售代销货物，未做视同销售处理。

（10）有无将以物易物不按规定确认收入，未计提销项税额；有无用货物抵偿债务，未按规定计提销项税额。

（11）有无对应税包装物押金收入，不按规定申报纳税；有无随同产品出售单独计价包装物，不计或少计收入。

（12）有无将向购货方收取的应一并缴纳增值税的各种价外费用，未计提销项税额。

（13）有无出售应税固定资产，未按规定计提销项税额或未按征收率计算应纳税额。

（14）有无未按规定冲减收入，少报销项税额。

（15）设有两个以上机构并实行统一核算的纳税人，将货物从一个机构移送其他机构用于销售有无未做视同销售处理。相关机构设在同一县（市）的除外。

（16）有无将自产、委托加工、购进的货物作为投资，提供给其他单位或个体工商户，未做视同销售处理。

（17）有无将自产、委托加工、购进的货物无偿赠送其他单位或个人，未做视同销售处理。

（18）有无将自产、委托加工、购进的货物分配给股东或者投资者，未做视同销售处理。

（19）有无将自产、委托加工的货物用于集体福利发放或个人消费，未做视同销售处理。

（20）有无将自产、委托加工的货物用于非增值税应税项目，未做视同销售处理。

（21）有无属于销售自产货物并同时提供建筑业劳务的混合销售行为，未按规定申报纳税。

（22）有无将返利收入挂其他应付款、其他应收款、冲减营业费用等，不做进项税额转出。

（23）有无非正常损失的在产产品、产成品所耗用的购进货物或应税劳务，未做进项税额转出。

（24）有无非正常损失的购进货物及相关应税劳务的进项税，未做进项税额转出。

（25）有无改变用途的固定资产已抵扣的进项税额，未做进项税额转出处理。

（26）有无将取得的未认证或逾期的增值税专用发票上注明的税额申报进项税额抵扣；有无对取得的未认证或逾期运输费用结算单据计算进项税额抵扣。

（27）有无将取得的未采集上传信息或逾期的海关进口增值税专用缴款书上注明的增值税额申报进项税额抵扣。

（28）有无对非应税项目的运输费用结算单据支出计算进项税额抵扣；有无对销售免税货物的运输费用结算单据计算进项税额抵扣。

（29）有无属于不动产类固定资产进项税额申报抵扣；有无代购代建固定资产进项税额申报抵扣。

（30）有无自用的应征消费税的摩托车、汽车、游艇等项目进项税额申报抵扣。

（31）是否对评估、核查、稽查等需调整的应纳税额进行调账处理，有无以调增的税额冲减当期应纳税额。

（32）对购进货物或应税劳务支付货款、劳务费用的对象，是否与开具抵扣凭证的销货单位、提供劳务的单位一致。

（33）小规模纳税人转为一般纳税人后，有无抵扣其小规模纳税人期间发生的进项税额。

（34）有无应开具而未开具发票行为。

（35）有无丢失和损（撕）毁发票。

（36）有无取得不符合规定的发票。

（37）有无未按规定缴销发票。

以上列举的是企业需要涉税风险自查的一些情况，并非列举齐全；企业在实际经营过程中会遇到涉税情况，还需深入了解法律法规的相关规定，依法依规处理。

此外，一些明显违法的行为不应列入为避免操作失误的自查范围内，而应列入绝对禁止的范围内，如私售、倒卖发票，向税务机关以外的单位和个人购买发票，向他人提供发票或者借用他人发票，贩运、窝藏假发票等。

收入不开票的涉税风险

不开票收入的涉税风险主要是对不开票收入有四个认知误区导致的，作为企业管理者必须详细了解。

（1）只要不开具发票，就不需要申报收入。取得未开票收入也要如实申报。一般纳税人应填写《增值税申报表附表》"未开具发票"栏次。根据征收率的不同填写申报表相应栏次，如"应征增值税不含税销售额（3%征收率）""应征增值税不含税销售额（5%征收率）""销售使用过的固定资产不含税销售额""免税销售额""出口免税销售额"等。

甲是一位小规模纳税人，他第三季度销售货物取得不含税收入，未开具发票，在申报时应填写在"应征增值税不含税销售额（3%征收率）"栏次申报。

（2）只要取得进项发票，都可以抵扣。不能想当然地认为，应根据企业实际发生的业务情况判断取得的进项发票是否属于可以抵扣的进项税额。

《中华人民共和国增值税暂行条例》❶第十条规定："下列项目的进项税额不得从销项税额中抵扣：（一）用于简易计税方法计税项目、免征增值税项目、集体福利或者个人消费的购进货物、劳务、服务、无形资产和不动产；（二）非正常损失的购进货物，以及相关的劳务和交通运输服务；（三）非正常损失的在产品、产成品所耗用的购进货物（不包括固定资产）、劳务和交通运输服务；（四）国务院规定的其他项目。"

（3）免征增值税项目不需要开具发票。纳税人适用免征增值税，不可以开具增值税专用发票，但是可以按照相关规定开具增值税普通发票。关于这一点，太多企业管理者和财税工作人员没有重视，一定要记住"免征"不等于"免开"。

（4）没有取得发票，就不能税前列支。国家税务总局发布《企业所得税税前扣除凭证管理办法》❷第九条规定："企业在境内发生的支出项目属于增值税应税项目（以下简称'应税项目'）的，对方为已办理税务登记的增值税纳税人，其支出以发票（包括按照规定由税务机关代开的发票）作为税前扣除凭证；对方为依法无须办理税务登记的单位或者从事小额零星经营业务的个人，其支出以税务机关代开的发票或者收款凭证及内部凭证作为税前扣除凭证，收款凭证应载明收款单位名称、个人姓名及身份证号、支出项目、收款金额等相关信息。小额零星经营业务的判断标准是个人从事应税项目经营业务的销售额不超过增值税相关政策规定的起征点。税务总局对应税项目开具发票另有规定的，以规定的发票或者票据作为税前扣除凭证。"

国家税务总局发布《企业所得税税前扣除凭证管理办法》第十条规定：

---

❶《中华人民共和国增值税暂行条例》，国务院办公厅官网，2008年11月14日。
❷《关于发布〈企业所得税税前扣除凭证管理办法〉的公告》，国家税务总局官网，2018年06月6日。

"企业在境内发生的支出项目不属于应税项目的,对方为单位的,以对方开具的发票以外的其他外部凭证作为税前扣除凭证;对方为个人的,以内部凭证作为税前扣除凭证。"

通过了解国家相应的法律规定可知,并不是没有取得发票就不能税前列支,企业在操作时应区分各种情形。

私卡收款的涉税风险

2014年7月至2016年1月,甲担任某汽车服务公司法定代表人。期间指使该公司财务人员从其个人账户收取营业款项,再以其他凭证代替发票的方式逃税1 250 909元,占该公司同期应缴纳税额的62.33%。该公司被税务机关依法下达追缴税款通知后,逾期仍未补缴税款。甲终因犯逃避缴纳税款罪,被判处有期徒刑三年,缓刑五年,并处罚金20万元。

通过私人账户收款逃避缴纳税款的行为是严重违法行为。金税四期系统上线后,税务稽查空间加大,除了公司账户,公司法定代表人或实际控制人或主要负责人的个人账户都纳入稽查范围,且以大数据为基础建立的自动预警系统很快就能发现企业数据的异常,自然会被税务机关关注到。

《中华人民共和国刑法》第二百零一条规定:"纳税人采取欺骗、隐瞒手段进行虚假纳税申报或者不申报,逃避缴纳税款数额较大并且占应纳税额百分之十以上的,处三年以下有期徒刑或者拘役,并处罚金;数额巨大并且占应纳税额百分之三十以上的,处三年以上七年以下有期徒刑,并处罚金。扣缴义务人采取前款所列手段,不缴或者少缴已扣、已收税款,数额较大的,依照前款的规定处罚。对多次实施前两款行为,未经处理的,按照累计数额计算。有第一款行为,经税务机关依法下达追缴通知后,补缴应纳税款,缴纳滞纳金,已受行政处罚的,不予追究刑事责任;但是,五年内因逃避缴纳税款受过刑事处罚或者被税务机关给予二次以上行政处罚的除外。"

看到这里，一些企业管理者并不认可，因为自己通过私卡收款并非为了偷逃税，而是为了方便或者是应急。不是说只要通过私卡收款就会有风险，而是在触发一些情况时就会产生风险。

（1）从企业账户中将销售款和业务款等直接打入企业管理者或企业某位人员的私人银行卡，此种情况属于隐匿销售收入的偷税漏税行为。如果产生的税款达到5万元以上，就可以移送司法机关，依情节判处有期徒刑。

（2）从企业账户中将企业的某笔款项打入企业管理者或企业某位人员的私人银行卡，反映在会计账上是借款。如果跨年度，就可能视同分红，通过私卡收款时企业管理者或企业某位人员就需要缴纳20%的个人所得税。

（3）企业将对公账户上的50万元打给某位股东作为股息红利，但该笔股息红利尚未缴纳20%的股息红利个税，此种情况不符合"取得税后利润分红"。

（4）企业向个人采购一批价值15万元的物品，但在未取得自然人在税务部门代开的发票前，该企业就通过对公账户将先期的5万元货款转入自然人的个人银行卡中。这种情形虽然是购销行为，但在支付过程中触及了"个人所得税预扣预缴"涉税风险。

企业没收入也要报税

说到企业没有收入，一些处于初创期企业的管理者很有发言权。因为企业处于起步阶段，别说发展了，生存都很艰难，企业极有可能出现注册后很长一段时间没有收入的情况。面对这种情况，一些小微企业的老板总是会有些忐忑，不知道在企业暂时没有收入的时间里是否可以不报税。

如果想当然地回答，答案就是"可以"，没有收入拿什么报税呢？但依据法律法规的规定，回答是"不可以"。

《纳税人财务会计报表报送管理办法》[1]第七条规定:"纳税人无论有无应税收入、所得和其他应税项目,或者在减免税期间,均必须依照《中华人民共和国税收征收管理法》[2]第二十五条的规定,按其所适用的会计制度编制财务报表,并按本办法第八条规定的时限向主管税务机关报送;其所适用的会计制度规定需要编报相关附表以及会计报表附注、财务情况说明书、审计报告的,应当随同财务会计报表一并报送。适用不同的会计制度报送财务会计报表的具体种类,由省、自治区、直辖市和计划单列市国家税务总局和地方税务局联合确定。"

如果企业因为没有收入便不报税,会有怎样的风险呢?通常以未报税的时间跨度确定风险等级:

(1)在国家规定的时间内做账报税,且情节较轻,企业除应补缴税款外,税务机关会对企业进行每月200元以上的罚款。

(2)连续三个月不向税务机关纳税申报的,税务机关有权锁死甚至是注销该企业的税务登记。

(3)若企业被非正常注销,不仅企业所有证照随之作废,企业法人及所有股东的身份证信息将被相关登记机关收录,进入黑名单。

很多人可能会不解,企业没有收入,为什么还会产生税款呢?即便企业没有业务往来,通常也会产生员工工资、房屋租金、通信费用、水电费用等;只要存在一样,企业就不是"零成本"状态,就会产生税款。这也是为什么绝大多数没有收入的企业不符合"零申报"条件。

企业的增值税和所得税是按期申报的:①小规模纳税人按季度申报,即在每季度结束次月的十五个工作日内申报;②一般纳税人增值税按月申报,即在月度结束次月的十五个工作日内申报;③一般纳税人企业所得税按季度申报,即在每季度结束后的十五个工作日内申报;每年5月31日

---

[1]《关于印发〈纳税人财务会计报表报送管理办法〉的通知》,国家税务总局官网,2005年05月25日。

[2]《中华人民共和国税收征收管理法》,中国政府门户官网,2005年08月31日。

之前要申报企业所得税年报。

增值税纳税的常见问题

增值税是以商品（含应税劳务）在流转过程中产生的增值额作为计税依据而征收的一种流转税。从计税原理方面说，增值税是对商品生产、流通、劳务服务中多个环节的新增价值或商品的附加值进行征收的一种流转税。

《2021年国务院政府工作报告》[1]将小规模纳税人增值税起征点从月销售额10万元提高到15万元。小微企业和个体工商户年应纳税所得额不到100万元的部分，在现行优惠政策基础上，再减半征收所得税。

增值税纳税过程中经常会出现八种风险，作为企业管理者我们需要在企业内部建立自查机制，将涉税风险提前消弭。

（1）检查纳税义务发生的时间。人为销售入账时间滞后，延迟缴纳税款的情况有四种：①采用托收承付结算方式销售时，为调减当期销售额或利润，延期办理托收手续；②采用交款提货销售方式销售时，货款已收到，提货单和发票已交给买方，但在买方尚未提货的情况下不进行销售收入处理；③采取赊销和分期收款方式销售货物时，因无书面合同或者书面合同没有约定收款日期，在货物已经发出的情况下未做销售收入处理。

（2）检查销售额申报情况。采取少申报或者不申报销售额的办法，不计或少计销项税额：①账面上已确认销售，也已计提销项税额，但未申报或少申报纳税；②账面上已确认销售，但未计提销项税额，也未申报纳税。

（3）检查账面隐匿销售额。不按规定核算货物销售额，应计未计销售收入，不计提销项税额：①以物易物，不按规定确认收入，不计提销项税额；②用货物抵偿债务，不按规定计提销项税额；③销售货物直接冲减

---

[1] 李克强：《政府工作报告——2021年3月5日在第十三届全国人民代表大会第四次会议上》，中国政府网，2021年3月5日。

"生产成本"或"库存商品"，不计提销项税额；④残次品、废品、材料、边角废料等直接冲减原材料、成本、费用等，不计提销项税额。

（4）检查价外费用。包括：①需要向购货方收取的所有应该缴纳增值税的各种价外费用，不计提销项税额；②采用不入账、冲减费用、人为分解代垫运费或长期挂往来账等手段，不计算缴纳增值税。

（5）检查不合理价格。包括：①纳税人销售货物或者应税劳务的价格明显低于同行业其他企业同期的销售价格；②纳税人销售一笔货物或者应税劳务的价格明显低于同期该货物或劳务的平均销售价格。

（6）检查以旧换新、还本销售纳税情况。包括：①纳税人采用还本销售方式销售货物，按减除还本支出后的销售额计提销项税额；②纳税人采用以旧换新销售方式销售货物，按新货物的同期销售价格计提销项税额。

（7）检查出售、出借包装物纳税情况。包括：①随同产品出售的单独计价的包装物，不计或少计收入；②应税包装物的押金收入，未按规定申报纳税。

（8）检查关联代销。包括：①纳税人将货物交付其他单位或者个人代销，但未做销售处理；②纳税人销售代销货物，但未做销售处理。

企业所得税涉及费用的风险及管控

企业所得税涉及的费用把控可以从职工教育经费、职工福利费、利息支出、业务宣传费和业务招待费五个方面着手。

1. 职工教育经费的把控

《中华人民共和国企业所得税法实施条例》❶第四十二条规定："除国务院财政、税务主管部门另有规定外，企业发生的职工教育经费支出，不超过工资薪金总额 2.5% 的部分，准予扣除；超过部分，准予在以后纳税年度结转扣除。"

---

❶《中华人民共和国企业所得税法实施条例》，国务院办公厅官网，2007年12月11日。

为鼓励企业加大职工教育投入，经认定的技术先进型企业的职工教育经费税前扣除政策规定如下：

《财政部 税务总局关于企业职工教育经费税前扣除政策的通知》财税[2018]51号❶规定："企业发生的职工教育经费支出，不超过工资薪金总额8%的部分，准予在计算企业所得税应纳税所得额时扣除；超过部分，准予在以后纳税年度结转扣除。"

2. 职工福利费的把控

职工的福利费用是企业的一笔极具正向作用的支出，帮助企业留住人才、凝聚人心、提升战斗力。作为企业管理者，很多人一定知道要控制职工福利费用的支出，但是否知道职工福利费用的支出是有底线保障的。

企业实际发生的满足职工共同需要的集体生活、文化、体育、娱乐等方面的职工福利费用支出的法律依据为：《中华人民共和国企业所得税法实施条例》❷第四十条规定："企业发生的职工福利费支出，不超过工资薪金总额14%的部分，准予扣除。"

3. 利息支出的把控

《中华人民共和国企业所得税法实施条例》第三十八条规定："企业在生产经营活动中发生的下列利息支出，准予扣除：（一）非金融企业向金融企业借款的利息支出、金融企业的各项存款利息支出和同业拆借利息支出、企业经批准发行债券的利息支出；（二）非金融企业向非金融企业借款的利息支出，不超过按照金融企业同期同类贷款利率计算的数额的部分。"

其中第（二）项也可包括向股东或其他与企业有关联的自然人、向企业内部职工或其他人员借款。

对于采用实际利率法确认的与金融负债相关的利息费用，未超过同期银行贷款利率的部分，可在计算当期应纳税所得额时扣除，超过的部分不

---

❶《财政部 税务总局关于企业职工教育经费税前扣除政策的通知》(财税〔2018〕51号)，国家税务总局官网，2018年5月7日。

❷《中华人民共和国企业所得税法实施条例》，国务院办公厅官网，2007年12月11日。

得扣除。

4. 业务宣传费的把控

企业申报广告费支出必须符合两项条件：①广告是经过工商部门批准的专门机构制作的；②已实际支付，并已取得相应发票，也已通过一定的媒体传播。

《中华人民共和国企业所得税法实施条例》第四十四条规定："企业发生的符合条件的广告费和业务宣传费支出，除国务院财政、税务主管部门另有规定外，不超过当年销售（营业）收入15%的部分，准予扣除；超过部分，准予在以后纳税年度结转扣除。"

5. 业务招待费的把控

《中华人民共和国企业所得税法实施条例》第四十三条规定："企业发生的与生产经营活动有关的业务招待费支出，按照发生额的60%扣除，但最高不得超过当年销售（营业）收入的5‰。"

税种优惠利用过程中的风险及管控

国家为促进个别行业、企业、项目、地区等的发展以及对特殊群体的扶持，在增值税、消费税、企业所得税、个人所得税、土地增值税、房产税、城镇土地使用税、城市维护建设税、契税等多个税种方面设置了大量税收优惠政策。有优惠是一回事，但如何最佳利用优惠就是另一回事了。优惠税种多，优惠政策也多，各税种的优惠对象存在重合，不容易准确掌握。作为企业管理者我们要充分认识到这一点，不能看见优惠就一头扎进去，以防出现未享受到优惠，却收获了风险的局面（图10-1）。

1. 小微企业税收优惠

小微企业享受税收优惠的标准有三点：①从事国家非限制和禁止行业，且同时符合年度应纳税所得额不超过300万元；②从业人数不超过300人；③资产总额不超过5000万元。

1. 享受优惠前未履行备案手续
2. 不能分别核算优惠与非优惠项目，而擅自享受税收优惠
3. 不符合增值税优惠资格
4. 不符合企业所得税法规定的加计扣除条件
5. 不符合创业投资企业抵扣条件

图10-1　享受税收优惠可能发生的五个风险

小微企业年应纳税所得额不超过100万元的部分，按25%计入应纳税所得额，按20%的税率缴纳企业所得税。

小微企业年应纳税所得额超过100万元但不超过300万元的部分，按50%计入应纳税所得额，按20%的税率缴纳企业所得税。

2．小规模纳税人的增值税优惠

小规模纳税人发生增值税应税销售行为，合计月销售额未超过10万元（以一个季度为一个纳税期的，季度销售额未超过30万元）的，免征增值税。

小规模纳税人发生增值税应税销售行为，合计月销售额超过10万元，但扣除本期发生的销售不动产的销售额后未超过10万元的，其销售货物、劳务、服务、无形资产取得的销售额免征增值税。

增值税的优惠政策给予的是免征和减免。当企业经营属于免征或减征范围之内时，就可以享受税收优惠。增值税的免税和减税项目都有国务院相关规定，任何地方、部门不得自行规定。

增值税小规模纳税人已依法享受资源税、房产税、印花税、地方教育费、城镇土地使用税、城市维护建设税、耕地占用税等其他优惠政策的，

可叠加享受增值税相关优惠政策。

3. 其他税收优惠

企业所得税是税收优惠政策中的大项，包括：税前扣除、直接减免、定期减免、低税率、加计扣除、减计收入、投资抵税、免征额优惠等。

此外，根据我国相关法律的规定，当企业满足以下条件时，可享受税收优惠政策：

（1）以废水、废渣、废气等废弃物为主要原料进行生产的企业，可在五年内获得减征或免征所得税。

（2）福利生产企业若是安置盲、聋、哑或肢体残疾的人员人数占生产总人数的35%以上，暂免征收所得税；若占10%～35%，减半征收所得税。

（3）对科研单位和大专院校服务于各行业的技术成果转让、技术培训、技术咨询等服务，暂免征收所得税。

（4）农村的产业服务行业和安置待业人员的企业同样可根据具体规定享受相关的税收优惠。

咨询服务费的涉税风险及管控

咨询服务费是委托人就相关事项从咨询人员或咨询企业获得意见/建议而支付的报酬。咨询服务费的范围很广泛，如向律师或律师事务所咨询相关法律问题而支付的费用，向会计师或会计师事务所咨询相关财务问题而支付的费用，向室内装潢设计师或装修公司咨询相关家装问题而支付的费用，向没有被国家相关职称评估认可的人士咨询其可以提供的信息而支付的报酬……

这类专业人员或机构及非专业人士的咨询服务费一般以咨询问题产生的收益来定价，具体要因事因人而异。

某公司通过对公账户支付给授课老师讲课费6万元，转入老师个人卡中，且这6万元已经是预扣预缴完劳务报酬所得个税后的税后报酬。次年，再由授课老师自行汇算申报清缴个人所得税。这就是一次完整的、合法的咨询服务费发生与支收的过程。

但在很多具体的咨询服务中，咨询服务费支出经常被滥用，它已经成为虚开发票高危项目之一。如某市税务局在发票协查中查到：A公司作为受票方从B公司取得了共计350万元咨询服务费普通发票数张，并已经入账，记入管理费用的咨询费栏中。

会计处理为：

借：管理费用——咨询费350万元

贷：银行存款350万元

税务局质问A公司负责人，出350万元咨询费都咨询了什么？负责人闪烁其词，不能给出直接答案。

后经查证，A公司采用假发票入账、伪造银行转账流水等方式，虚构与B公司发生咨询服务业务，虚列成本，偷逃企业所得税。

针对A公司的违法行为，税务机关依法对其做出补缴税款、加收滞纳金并处共计200余万元罚款的处理决定。

近年来，像A公司这样，开具没有真实业务发生的技术咨询费用于套现的公司不在少数，且花样繁多，目的都是提取企业资金存入个人账户或者直接偷逃税款。B公司虚构咨询事宜，先后虚开咨询费项目发票多份，开票单位收到受票方（B公司）的款项再扣除10%左右的"服务费"后，将资金汇入B公司指定的个人账户中；C公司在财务账目中编制咨询费，将其包装成合理的经营业务项目支出；D公司在接受贷款服务时，以支付咨询费的名义向贷款方支付分解的利息支出……

各种虚开虚列咨询服务费的行为都会严重影响增值税进项抵扣及企业所得税税前扣除。随着"金税工程"的发展和完善，税务机关对企业税务风险的预警监测能力越来越强大，虚开虚列发票套取费用会成为高风险行为。以上各种行为会被认定为纳税人采取欺骗、隐瞒手段进行虚假纳税申报或不申报，若逃避缴纳税款数额较大并且占应纳税额10%以上，税务机关将会依法对其处三年以下有期徒刑或者拘役，并处罚金；若数额巨大并且占应纳税额30%以上的，税务机关将会对其依法处三年以上七年以下有期徒刑，并处罚金。对多次实施前述行为，未经处理的，按照累计数额计算。

咨询服务费之所以特别为税务机关警惕，是因为其费用金额一般以业务产生的收益来确定，并且具体金额会因业务案件、业务人员、业务成果的不同而差异巨大。正是由于金额确定的影响因素包含很多主观因素，容易让企业借此操纵利润。

企业经营过程中，咨询、培训不可缺少，会产生相应费用，若不能规范操作，就会产生税务风险。但很多企业并未对此加以重视，即便是对于大额咨询服务费也只有简单的发票和银行转账记录，缺乏其他资料佐证，更无法证明业务的真实性。若确实进行了咨询服务，费用也是真实的，但因为没有证据证明业务的真实，不仅会给税务机关的工作带来极大麻烦，也会为企业经营埋下风险的隐患，若因此被认定为虚开发票，岂不是冤枉。因此，为了更好地规避咨询服务费带来的纳税风险，建议企业在取得咨询服务费发票时必须做到以下三步。

（1）查询开票单位纳税状态是否为"非正常"，若"是"，则该发票不能作为报销凭证，更不要支付款项。这种情况通常是暴力虚开的明显表现，这种公司一般会在设立公司两三个月内走逃。

（2）需要咨询服务单位提供专业资质鉴定，人员专业能力介绍及公司简介，同时关注咨询事项与本企业生产经营的直接相关性。

（3）将咨询事项签订的合同、完成项目的计划（时间、人员安排等）、成果体现方式、方案或报告等资料的存放地点和保管人信息，及后续针对咨询事项的实施、调整、效果等都要进行收集，还要注意钱款支付方式和收款单位。

对于产生咨询服务费支出，包括但不限于上述资料及事实证据的留存，即上述工作完成后，仍需对该交易事项进行综合分析和研判，有充分的事实证据可证明属于真实交易后方可执行该份发票的入账程序。

合伙企业投资分红的涉税风险及管控

《中华人民共和国合伙企业法》❶第三十三条规定："合伙企业的利润分配、亏损分担，按照合伙协议的约定办理；合伙协议未约定或者约定不明确的，由合伙人协商决定；协商不成的，由合伙人按照实缴出资比例分配、分担；无法确定出资比例的，由合伙人平均分配、分担。合伙协议不得约定将全部利润分配给部分合伙人或者由部分合伙人承担全部亏损。"

合伙企业利润分配的方法有四种，如有需要依序使用：①按照合伙协议的约定办理；②未约定或者约定不明确的，协商决定；③协商不成的，按实缴出资比例分配；④无法确定出资比例的，平均分配。

合伙企业取得投资分红，会计处理应计入合伙企业利润核算。如果企业当年亏损，在税收上投资分红仍应单列，应按《国家税务总局关于＜关于个人独资企业和合伙企业投资者征收个人所得税的规定＞执行口径的通知》❷的相关规定分配并纳税。投资分红单列并分配纳税后，合伙企业税收亏损将大于账面亏损。

2016年9月20日，财政部和国家税务总局联合发布《财政部 国家税务总局关于完善股权激励和技术入股有关所得税政策的通知》❸，对上市企业和非上市企业实施的员工股权激励给予了更实际的税收优惠，促进了更多企业利用合伙企业对员工进行股权激励。第四条规定："合伙企业的合伙人按照下列原则确定应纳税所得额：（一）合伙企业的合伙人以合伙企

---

❶《中华人民共和国合伙企业法》，全国人大网，2006年08月27日。
❷《国家税务总局关于〈关于个人独资企业和合伙企业投资者征收个人所得税的规定〉执行口径的通知》（国税函〔2001〕84号），国家税务总局官网，2001年01月17日。
❸《财政部 国家税务总局关于完善股权激励和技术入股有关所得税政策的通知》财税〔2016〕101号），国家税务总局官网，2016年9月20日。

业的生产经营所得和其他所得,按照合伙协议约定的分配比例确定应纳税所得额。(二)合伙协议未约定或者约定不明确的,以全部生产经营所得和其他所得,按照合伙人协商决定的分配比例确定应纳税所得额。(三)协商不成的,以全部生产经营所得和其他所得,按照合伙人实缴出资比例确定应纳税所得额。(四)无法确定出资比例的,以全部生产经营所得和其他所得,按照合伙人数量平均计算每个合伙人的应纳税所得额。合伙协议不得约定将全部利润分配给部分合伙人。"

合伙企业作为持股平台,被激励对象(个人合伙人)取得来源于合伙企业的所得包括两类:①股息所得;②股权转让所得。

被激励对象以个人名义从公开发行的和转让市场上取得的上市企业或挂牌企业的股票,应如何缴纳个人所得税?是否有优惠呢?

按照《关于上市公司股息红利差别化个人所得税政策有关问题的通知》❶第一条规定:"个人从公开发行和转让市场取得的上市公司股票,持股期限超过1年的,股息红利所得暂免征收个人所得税。个人从公开发行和转让市场取得的上市公司股票,持股期限在1个月以内(含1个月)的,其股息红利所得全额计入应纳税所得额;持股期限在1个月以上至1年(含1年)的,暂减按50%计入应纳税所得额;上述所得统一适用20%的税率计征个人所得税。"

被激励对象是通过合伙企业持有上市企业或挂牌企业的股票,且合伙企业已取得上市企业或挂牌企业的股息红利,被激励对象应如何纳税?是否能享有税收优惠?

《国家税务总局关于<关于个人独资企业和合伙企业投资者征收个人所得税的规定>执行口径的通知》❷第二条规定:"个人独资企业和合伙企

---

❶《财政部 国家税务总局 证监会关于上市公司股息红利差别化个人所得税政策有关问题的通知》(财税〔2015〕101号),国家税务总局官网,2015年9月7日。

❷《国家税务总局关于〈关于个人独资企业和合伙企业投资者征收个人所得税的规定〉执行口径的通知》(国税函〔2001〕84号),国家税务总局官网,2001年01月17日。

业对外投资分回的利息或者股息、红利,不并入企业的收入,而应单独作为投资者个人取得的利息、股息、红利所得,按'利息、股息、红利所得'应税项目计算缴纳个人所得税。以合伙企业名义对外投资分回利息或者股息、红利的,应按《通知》所附规定的第五条精神确定各个投资者的利息、股息、红利所得,分别按'利息、股息、红利所得'应税项目计算缴纳个人所得税。"

A公司(非上市、非挂牌)拟对员工甲实施股权激励(满足递延纳税条件),激励股权10万股,甲可以每股1元的价格行权。甲行权时(授予日和行权日间隔四年),A公司每股净资产为10元。则甲行权时相当于获得了90万元的股权形式的所得。由于上述股权激励满足递延纳税条件,甲在行权时无须缴纳个人所得税。甲行权两年后,以每股15元的价格将股权全部卖出,甲转让股权所得=10×(15-1)=140(万元)。甲转让股权需缴纳的个人所得税=140×20%=28(万元)。

财政部、国家税务总局《关于完善股权激励和技术入股有关所得税政策的通知》[1]第一条第一款规定:"非上市公司授予本公司员工的股票期权、股权期权、限制性股票和股权奖励,符合规定条件的,经向主管税务机关备案,可实行递延纳税政策,即员工在取得股权激励时可暂不纳税,递延至转让该股权时纳税;股权转让时,按照股权转让收入减除股权取得成本以及合理税费后的差额,适用'财产转让所得'项目,按照20%的税率计算缴纳个人所得税。股权转让时,股票期权取得成本按行权价确定,限制性股票取得成本按实际出资额确定,股权奖励取得成本为零。"

A公司的甲获得股权是通过持股平台实现的,持股平台以每股15元

---

[1]《财政部 国家税务总局关于完善股权激励和技术入股有关所得税政策的通知》财税〔2016〕101号,国家税务总局官网,2016年9月20日。

的价格转让股权时，各自然人合伙人是否适用"财产转让所得"项目，均按照20%的税率计算缴纳个人所得税吗？

国家税务总局在2011年4月15日下发《国家税务总局关于切实加强高收入者个人所得税征管的通知》❶的相关规定，对个人独资企业和合伙企业从事股权（票）、期货、基金、债券、外汇、贵重金属、资源开采权及其他投资品交易取得的所得，应全部纳入生产经营所得，依法征收个人所得税。

《关于个人独资企业和合伙企业投资者征收个人所得税的规定》❷第四条第一款规定："个人独资企业和合伙企业每一纳税年度的收入总额减除成本、费用以及损失后的余额，作为投资者个人的生产经营所得，比照个人所得税法的'个体工商户的生产经营所得'应税项目，适用5%～35%的5级超额累进税率，计算征收个人所得税。"

合伙企业在转让股权/股票时的所得属于合伙企业的生产经营所得，各自然人合伙人要根据所持有合伙企业的份额确定各自的所得，适用3%～35%的五级超额累进税率计算征收个人所得税。因此，通过上述规定可知，甲转让股权所得的140万元应缴纳的个人所得税必须重新计算。

股权激励的涉税风险及管控

2020年12月，A上市公司发布股权激励公告，对在该公司任职的董事、高级管理人员、中层管理人员、核心技术人员和核心业务人员，以股票期权＋限制性股票的形式进行激励，股票来源是A公司定向发行的A股普通股。这部分支出能在企业所得税税前扣除吗？

---

❶《国家税务总局关于切实加强高收入者个人所得税征管的通知》国税发〔2011〕50号），国家税务总局官网，2011年04月15日。

❷《国家税务总局关于〈关于个人独资企业和合伙企业投资者征收个人所得税的规定〉执行口径的通知》（国税函〔2001〕84号），国家税务总局官网，2001年01月17日。

A公司面临的问题是：股权激励支出能否进行企业所得税税前扣除？解答该问题的关键在于是否满足激励标的、激励对象以及时间要求。

国家税务总局《关于我国居民企业实行股权激励计划有关企业所得税处理问题的公告》的相关规定为：上市公司按照证监会发布的《上市公司股权激励管理办法（试行）》建立股权激励计划，以本公司股票为标的，对其董事、监事、高级管理人员及其他员工进行的长期性激励——股权激励实行方式包括授予限制性股票、股票期权以及其他法律法规规定的方式。对股权激励计划实行后立即可以行权的，上市公司可以根据实际行权时该股票的公允价格与激励对象实际支付价格的差额及数量计算确定当年上市公司工资薪金支出，依照税法规定进行税前扣除。

限制性股票，是指《上市公司股权激励管理办法（试行）》❶中规定的激励对象按照股权激励计划规定的条件，从上市公司获得的一定数量的本公司股票。

股票期权，是指《上市公司股权激励管理办法（试行）》中规定的上市公司按照股权激励计划授予激励对象在未来一定期限内，以预先确定的价格和条件购买本公司一定数量股票的权利。

因此，上市公司实行股权激励的标的须为本公司股票，激励对象须为董监高级管理人员，并满足实际行权这一时间要求后，股权激励支出方可在企业所得税税前扣除。

A公司的股权激励计划满足上述法规政策对激励标的、激励对象等的具体要求，在激励对象实际行权当年，A公司可以按照股票的公允价格与激励对象实际支付价格的差额及数量计算企业所得税税前可扣除的成本费用。

如果上市公司无法判断其他股权激励方式下能否扣除激励支出，可结合激励标的、激励对象以及时间要求等关键要素进行判断。

---

❶《上市公司股权激励管理办法（试行）》证监公司字[2005]151号），证监会网站，2016年02月24日。

B公司是A公司的子公司，A公司于2022年3月面向含B公司核心员工在内的员工实施股权激励计划。由A公司和其员工共同出资（B公司未参与出资），设立信托计划持有A公司股票。因B公司未用本公司股票对员工进行激励，B公司进行企业所得税年度申报时，便不能将A公司股票的公允价格与本公司（B公司）员工实际支付价格的差额在缴纳企业所得税税前扣除。

股权激励作为企业长期激励的一个重要组成部分，实践中有着比较复杂的操作规程，有的涉及等待期——激励对象满足可行权条件应等待的时间。

等待期内的每个资产负债表日，企业都应将取得的职工或其他方提供的服务计入成本费用；税务处理方面，根据《国家税务总局关于我国居民企业实行股权激励计划有关企业所得税处理问题的公告》❶的相关规定：上市公司等待期内会计上计算确认的相关成本费用，不得在对应年度计算缴纳企业所得税时扣除。只有在行权后，上市公司才可以根据股票实际行权时的公允价格与当年激励对象实际行权支付价格的差额及数量，计算工资薪金支出并依法在企业所得税税前扣除。也就是说，对于股权激励的等待期，会计和税务上会产生暂时性差异，上市公司需要进行职工薪酬的纳税调整。

股权转让的涉税风险及管控

A公司2019年6月30日净资产2000万元，其中实收资本500万元。为了扩大经营实力，A公司决定吸收丁为公司股东，股东甲决定将其持有的10%的股权（原值50万元）平价转让给乙（甲和乙没有血缘关系，乙也不是A公司员工）。A公司账面没有无形资产、长期股权投资和不动产。A公司的另外两名股东乙和丙都表示，只要变更股权后自己的股权不被稀

---

❶《国家税务总局关于我国居民企业实行股权激励计划有关企业所得税处理问题的公告》（国家税务总局公告2012年第18号），国家税务总局官网，2012年05月23日。

释，就不干涉股东甲和丁之间的股权转让。

关于股权转让的涉税问题，通常会考虑到平价转让、价格合理、修改章程、权责分离四个方面。

1. 股权是否可以平价转让？

国家税务总局关于发布《股权转让所得个人所得税管理办法（试行）》❶的公告第十三条规定："符合下列条件之一的股权转让收入明显偏低，视为有正当理由：（一）能出具有效文件，证明被投资企业因国家政策调整，生产经营受到重大影响，导致低价转让股权；（二）继承或将股权转让给其能提供具有法律效力身份关系证明的配偶、父母、子女、祖父母、外祖父母、孙子女、外孙子女、兄弟姐妹以及对转让人承担直接抚养或者赡养义务的抚养人或者赡养人；（三）相关法律、政府文件或企业章程规定，并有相关资料充分证明转让价格合理且真实的本企业员工持有的不能对外转让股权的内部转让；（四）股权转让双方能够提供有效证据证明其合理性的其他合理情形。"

如果个人股权转让不能满足上述情形，就属于不合理的股权转让，收入明显偏低，主管税务机关会按照适当的方法核定。

本节案例中，甲与丁之间的股权转让不符合上述法律规定的四种情况，明显属于价格偏低的情形，主管税务机关不会认可。

2. 股权转让价格不合理会如何核定？

根据国家税务总局关于发布《股权转让所得个人所得税管理办法（试行）》❷的公告的相关规定，当股权转让价格明显偏低时，主管税务机关会按照净资产核定法、类比法和其他合理方法核定股权转让收入。

（1）净资产核定法：股权转让收入按照每股净资产或股权对应的净资

---

❶《股权转让所得个人所得税管理办法（试行）》，国家税务总局官网，2015年03月7日。

❷《股权转让所得个人所得税管理办法（试行）》，国家税务总局官网，2015年03月7日。

产份额核定。被投资企业的土地使用权、房屋、房地产企业未销售房产、知识产权、探矿权、采矿权、股权等资产占企业总资产比例超过20%的，主管税务机关可参照纳税人提供的具有法定资质的中介机构出具的资产评估报告核定股权转让收入。六个月内再次发生股权转让且被投资企业净资产未发生重大变化的，主管税务机关可参照上一次股权转让时被投资企业的资产评估报告核定此次股权转让收入。

（2）类比法：分为两种情况：①参照相同或类似条件下同一企业同一股东或其他股东股权转让收入核定；②参照相同或类似条件下同类行业企业股权转让收入核定。

（3）其他合理方法：主管税务机关采用净资产核定法和类比法核定股权转让收入存在困难时，可以采取其他合理方法核定。

通常情况下，净资产核定法是最常用的方法。本节案例中，甲平价将10%的股权转让给丁，税务机关不会认可该转让价格，按净资产核定甲的股权转让价格后，甲应缴纳的个人所得税＝（2000–500）×10%×20%=30（万元）。

3. 为股权转让修改公司章程是否可行？

鉴于不能平价转让股权及转让后有高额个税，是否可以通过修改公司章程的方式令其可行？比如，在股权转让之前，A公司和丁签订劳动合同，并给丁发工资，丁成为A公司正式员工。同时，A公司修改章程，约定甲持有的股权属于本公司员工持有的，不能对外转让股权，只能在公司内部转让。公司章程修改完毕后到工商部门备案，然后再完成甲和丁之间的股权转让。

虽然《国家税务总局关于发布＜股权转让所得个人所得税管理办法（试行）＞的公告》[1]中有"相关法律、政府文件或企业章程规定，并有相关资料充分证明转让价格合理且真实的本企业员工持有的不能对外转让股权的内部转让"允许转让的规定，即便股权转让价格偏低，也因为有章程规

---

[1]《国家税务总局关于发布〈股权转让所得个人所得税管理办法（试行）〉的公告》（国家税务总局公告2014年第67号），国家税务总局官网，2014年12月7日。

定可视为"有正当理由"。但在实务操作中,税务机关对上述政策的标准是:公司章程约定的内部转让必须是在公司设立时就已经约定或者某次股权正常转让后新股东的股权在章程中单独约定。

很显然本节案例公司若想通过修改章程实现评价转让,既不符合"公司设立时就已经约定",也不符合"某次股权正常转让后"的情况。

4. 在股权转让过程中可否将权力和责任分离?

本节案例中,甲转让给丁10%的股权,需要明确甲的权利。涉及股东的权益包括表决权、分红权、投票权、剩余财产分配权等。如果只希望对丁进行激励,让丁在获得相应薪酬收入的同时还能享有公司发展的红利收入,但并不希望给丁更多的表决权和剩余财产分配权,丁也认可只享有分红权,甲只需要转让极少的股权给丁,并在公司章程中约定丁享受10%股权比例的分红权。

如果甲只转让0.1%的股权给丁,甲应缴纳个人所得税金额=(2000-500)×0.1%×20%=3000(元)。

企业注销的涉税风险及管控

国家税务总局《关于进一步优化办理企业税务注销程序的通知》[1]就企业注销进行了相关规定。

一、实行清税证明免办服务

对向市场监管部门申请简易注销的纳税人,符合下列情形之一的,可免予到税务机关办理清税证明,直接向市场监管部门申请办理注销登记。

(一)未办理过涉税事宜的;

(二)办理过涉税事宜但未领用发票、无欠税(滞纳金)及罚款的。

二、优化税务注销即办服务

对向市场监管部门申请一般注销的纳税人,税务机关在为其办理税务注

---

[1]《国家税务总局关于进一步优化办理企业税务注销程序的通知》(税总发〔2018〕149号),国家税务总局官网,2018年09月18日。

销时，进一步落实限时办结规定。对未处于税务检查状态、无欠税（滞纳金）及罚款、已缴销增值税专用发票及税控专用设备，且符合下列情形之一的纳税人，优化即时办结服务，采取"承诺制"容缺办理，即：纳税人在办理税务注销时，若资料不齐，可在其作出承诺后，税务机关即时出具清税文书。

（一）纳税信用级别为 A 级和 B 级的纳税人；

（二）控股母公司纳税信用级别为 A 级的 M 级纳税人；

（三）省级人民政府引进人才或经省级以上行业协会等机构认定的行业领军人才等创办的企业；

（四）未纳入纳税信用级别评价的定期定额个体工商户；

（五）未达到增值税纳税起征点的纳税人。

纳税人应按承诺的时限补齐资料并办结相关事项。若未履行承诺，税务机关会将其法定代表人、财务负责人纳入纳税信用 D 级管理。

通过对上述政策的解析可知，如果企业处在以上业务范围之内，办理注销非常容易。但企业经营过程中会出现各种情况，不利于注销顺利进行，就需要处理完未结事项后再办理注销。

1. 存在债务和借款

企业存在"短期借款""应付账款""其他应付款""长期应付款""长期借款"，须根据实际财务数据进行处理。需要支付的，在清算前支付；不需要支付的，确认为营业外收入（税法同上），并缴纳 25% 的企业所得税。符合小型微利企业的条件，缴纳 5% 的企业所得税。

2. 存在债权和股权

企业存在"应收账款""其他应收款""预付账款""长期股权投资"，须根据财务数据进行核实能否收回，对能收回的可保留继续追讨的权力，对确认不能收回的可做资产核销处理。符合国家税务总局关于发布《企业资产损失所得税税前扣除管理办法》❶ 的公告条件的需要提供相关证明，并出具专项报告可以税前扣除，不符合的不能税前列支。

---

❶《国家税务总局关于发布〈企业资产损失所得税税前扣除管理办法〉的公告》(国家税务总局公告 2011 年第 25 号），国家税务总局官网，2011 年 03 月 31 日。

3. 存在利益所得

企业账面上有"自然人股东借款",纳税年度内个人投资者从其投资的企业(个人独资企业、合伙企业除外)借款,在该纳税年度终了后既不归还,又未用于企业生产经营的,其未归还的借款可视为企业对个人投资者的红利分配,依照"利息、股息、红利所得"项目计征个人所得税,需要缴纳税款后办理注销手续。

4. 存在预收账款

企业进行税务注销前,需要把预收客户的货款退回或者确认收入,并申报增值税和企业所得税。

A公司为一般纳税人,2020年5月1日停止经营,准备注销;但是有12万元预收账款和10万元存货。A公司需要申报增值税税额=12÷(1+13%)×13%=13805(元);符合小型微利企业条件申报企业所得税=(12-10)×5%=1000(元)。

5. 存在进项税转出

企业作为一般纳税人,若查出有不符合日常生产经营实际情况的进项发票已经抵扣了,需要做进项税额转出。

B公司为一般纳税人,2020年7月1日停止经营,准备注销。但注销时税务机关发现B公司在2018年12月31日有含税金额为10万元的进项发票不符合增值税抵扣,需要转出。B公司需要补缴增值税税额=10÷(1+16%)×16%=13793(元),还需要缴纳每日万分之五的滞纳金。

6. 有存货需处理

企业尚有未出售的存货,应在注销前全部销售出去或者分配给股东/投资者,作为出资的收回或利润的分配。"将自产、委托加工或购买的货物分配给股东或投资者"属于《中华人民共和国增值税暂行条例实施细则》❶中规定的视同销售行为情况，需缴纳增值税和企业所得税。

C公司为一般纳税人，2020年6月1日停止经营，准备注销。此时账面上有价值10万元的存货，市场价（不含税）为12万元。视同销售缴纳增值税税额=12×13%=15600（元）；符合小型微利企业条件申报企业所得税税额=（12-10）×5%=1000（元）。

7. 有固定资产需处理

企业账面上有"固定资产""投资性房地产""长期股权投资"等资产，需要对相关资产进行清算处理，确认资产清理损益。如果清理后有利润，需要先缴纳税款，后办理注销手续。

企业应在税务注销前把固定资产销售出去，取得收入需要正常申报，根据收入总额及相应的增值税税率换算收入后确认申报，并保留申报表、完税证明。大型固定资产清理，如在税务局有备案的固定资产（房屋、汽车）清理，需要签订转让协议或者拍卖协议，开具发票。

D公司为一般纳税人，经营期间以公司名义购买了一辆货车。在公司清算与注销过程中，车辆及牌照均转给了个人。

此案例处理要点为：①车辆的转让及拍卖必须通过正规的二手车交易市场，必须取得相应的发票及拍卖协议或转让协议、银行付款及收款证明；②企业卖车根据正常流程应开具二手车销售统一发票；③根据卖车收入总额及相应的增值税税率换算收入后确认申报，并保留申报表、完税证明。

---

❶《中华人民共和国增值税暂行条例实施细则》中华人民共和国财政部令 国家税务总局第50号），中国政府网，2008年12月15日。

第十一章　发票的涉税风险管控

发票取得过程中存在的风险

交易的双方在交易后（特殊条件下也包括交易前和交易中），其中一方（主要是收款方，但有时也包括付款方）会开给对方一张用以记载这一交易事项主要内容（如交易双方的名号、交易时间、交易对象、交易数量和金额等）的商事凭证，此商事凭证就是发票。

因此，发票是记录经营业务活动的凭证，是一切单位和个人在销售产品、商品，提供劳务、服务以及从事其他经营业务活动时，对外收付款项或发生资金转移所提供给对方的各种凭证。

发票不同于生意准备状态下签订的合同，那表明一项生意的达成或阶段性达成。发票也不同于领货单、有价证券，这些只是一种尚未实现的交易。发票一经开出，就意味着买卖双方的一次"合意"行为达成，表明一项交易的彻底完结。当然，在异地交易、托收承付的交易、货到付款的交易、付款与送货交叉进行的交易中，发票的开具并不意味着交易的达成和货款的收讫，需要发票经历一个"旅行"过程。

由于发票是企业列支各种成本和费用的原始凭证之一，发票成为国家稽征税款的重要资料；再由于发票具有记录交易过程的作用，发票成为税务部门纳税管理的重点。因此，发票的使用从取得开始就面临各种风险。办理工商登记的税务登记后的单位和个人，在领取税务登记后可以向主管税务机关申请领取发票。在发生经营业务后，收款方应按规定填开发票。

发票由两大部门机构监制：①企业使用的发票，由税务部门负责监制；②国家机关、事业单位使用的发票，由财政部门负责监制。

企业使用的发票由国家税务总局（国税系统发票，如增值税发票等）和地方税务局（地税系统发票，如服务业发票等）共同负责监制。

普通发票按行业的不同划分为工业发票、商业批发发票、商业零售发票、加工业发票、收购发票、服务业发票、广告业发票、建筑业发票等；另有一些特殊行业专用发票，如保税区保税货物销售、机动车销售、旧车销售、机动车维修、粮食销售、木材销售等专用发票。

企业使用的发票无论是国税还是地税发票，无论是一般行业还是特殊行业，都必须是正规渠道取得的发票，否则将触犯相关法律。

满足下列要件的构成非法购买增值税专用发票罪：

（1）本罪主体为一般主体；

（2）主观方面是出于直接故意，且具有牟取非法利益的目的；

（3）侵害的客体是国家对增值税专用发票的管理制度；

（4）客观方面存在违反有关发票管理法规、非法出售增值税专用发票的行为。

《中华人民共和国刑法》[1]第二百零八条规定："非法购买增值税专用发票或者购买伪造的增值税专用发票的，处五年以下有期徒刑或者拘役，并处或者单处二万元以上二十万元以下罚金。"

第二百零九条第二、第三、第四款规定："伪造、擅自制造或者出售伪造、擅自制造的前款规定以外的其他发票的，处二年以下有期徒刑、拘役或者管制，并处或者单处一万元以上五万元以下罚金；情节严重的，处二年以上七年以下有期徒刑，并处五万元以上五十万元以下罚金。非法出售可以用于骗取出口退税、抵扣税款的其他发票的，依照第一款的

---

[1]《中华人民共和国刑法（2020年修正）》《中华人民共和国主席令第66号），国家法律法规数据库官网，2020年12月26日。

规定处罚。非法出售第三款规定以外的其他发票的，依照第二款的规定处罚。"

《最高人民检察院、公安部关于公安机关管辖的刑事案件立案追诉标准的规定（二）的补充规定》[1]第三条为："明知是伪造的发票而持有，具有下列情形之一的，应予立案追诉：（一）持有伪造的增值税专用发票五十份以上或者票面额累计在二十万元以上的，应予立案追诉；（二）持有伪造的可以用于骗取出口退税、抵扣税款的其他发票一百份以上或者票面额累计在四十万元以上的，应予立案追诉；（三）持有伪造的第（一）项、第（二）项规定以外的其他发票二百份以上或者票面额累计在八十万元以上的，应予立案追诉。"

发票开具的要求与税率

开具发票应做到按照号码顺序填开，填写项目齐全，内容真实，字迹清楚，全部联次一次打印，内容完全一致；不仅要注意票面金额税额，还需要保证其他信息填写正确。如客户名称、日期、货物名称、品牌填写是否正确，人民币大写有无错误。特别要注意购买方、货物或应税劳务、服务名称栏次、备注栏信息、商品和服务税收分类编码是否正确。根据发票管理办法，开具发票的常规要求如下。

（1）整本启用发票，不得拆开分散使用。

（2）在规定区域内填开，不得跨市、县境开发票。

（3）未经批准，不得跨规定使用区域携带、邮寄、运输空白发票。

（4）按号码顺序并逐栏填开，不得跳号、漏项或简略填开发票。

（5）按规定时限填开，不得提前或推后填开发票。

---

[1]《关于印发〈最高人民检察院公安部关于公安机关管辖的刑事案件立案追诉标准的规定（二）〉的通知》，最高人民检察院 公安部官网，2022年4月6日。

（6）全份一次填开，不得单联分开填写发票。

（7）如实填开，不得变更品名，发票金额要按实际发生额填写，不得多开或少开。

（8）按发票版限额填开，不得超面额填开。

（9）开具发票要加盖收款方财务印章或发票专用章，填开人员要签写姓名。

（10）按专业发票规定范围填开，不得自行扩大或改变使用范围。

根据上述要求可知，填开发票绝对不是票面金额正确就符合规定，要严格按照相关规定填开。否则就会触发相应风险，如跨区域填开发票、跳号填开发票、单联填写发票、更改品名填开发票、改变发票范围等。

企业开出的发票必须符合业务要求，如取得服务收入，应开服务发票，不能开增值税发票；从一般纳税人处取得商品销售收入，应开增值税发票，不能开其他发票。

税务机关按照经营范围给企业核定税种，不同的经营范围对应不同的税率，税控系统只按照税务报到时核准的税率开具相应税率的发票。增值税小规模纳税人一般是按3%征收率征收；对于一般纳税人，最常见的税率是6%、10%、13%。超范围开具发票，极大可能税控系统是开不出来或是开出发票后纳税申报会出现异常。

开票必须做的备注

按照发票管理相关法规规定，单位和个人在开具发票时，应当按规定填开相关栏目、项目，内容真实。无论是纳税人自行开具，还是税务机关代开增值税专用发票，对于备注栏需填写的内容都有明确规定，若没按要求填写则属于不合规发票，不能作为抵扣凭证。近几年来，对于在发票备注栏填写相关信息的规定很多。如有以下情况在开具发票时一定要注意。

（1）纳税人提供货物运输服务，按规定使用增值税专用发票和增值税普通发票，开具发票时应将起运地、到达地、车种车号以及运输货物信息等内容填写在发票备注栏中，如内容较多可另附清单。

（2）经省税务局批准，网络平台道路运输企业（平台企业）可以为符合规定条件的货物运输业小规模纳税人（会员）代开增值税专用发票，并代办相关涉税事项。平台企业使用自有专用发票开票系统，按照3%的征收率代开专用发票，并在发票备注栏注明会员的纳税人名称和纳税人识别号（统一社会信用代码）、起运地、到达地、车种车号以及运输货物信息等内容也要填写在发票备注栏中，如内容较多可另附清单。

（3）铁路运输企业受托代征的印花税款信息可填写在发票备注栏中。

（4）按照现行政策规定适用差额征税办法缴纳增值税，且不得全额开具增值税发票的(财政部、税务总局另有规定的情况除外)，纳税人或者税务机关通过使用新系统中的差额征税开票功能开具增值税发票时，录入含税销售额(或含税评估额)和扣除额，系统自动计算税额和不含税金额，备注栏自动打印"差额征税"字样，这类情况发票开具不应与其他应税行为混开。

（5）单用途商业预付卡(单用途卡)业务的销售方与售卡方不是同一个纳税人的，销售方在收到售卡方结算的销售款时应向售卡方开具增值税普通发票，并在备注栏注明"收到预付卡结算款"，不得开具增值税专用发票。

（6）在支付机构预付卡(多用途卡)业务中，特约商户收到支付机构结算的销售款时应向支付机构开具增值税普通发票，并在备注栏注明"收到预付卡结算款"，不得开具增值税专用发票。

（7）保险机构在代收代缴机动车的车船税时，应向投保人开具注明已收税款信息的交强险保险单和保费发票，作为代收税款凭证。保险机构作为车船税扣缴义务人，在代收车船税并开具增值税发票时，应在增值税发票备注栏中注明代收车船税税款信息，具体包括：保险单号、税款所属期

(详细至月)、代收车船税金额、滞纳金金额、金额合计。该增值税发票可作为纳税人缴纳车船税及滞纳金的会计核算原始凭证。

（8）销售或出租不动产，纳税人自行开具增值税发票时，应在发票"货物或应税劳务、服务名称"栏填写不动产名称及房屋产权证书号码(无房屋产权证书的可不填写)，"单位"栏填写面积单位，备注栏注明不动产的详细地址。

（9）提供建筑服务，纳税人自行开具增值税发票时，应在发票的备注栏注明建筑服务发生地的县(市、区)名称及项目名称。

（10）税务机关代开增值税发票(增值税普通发票、增值税专用发票)，均应在发票备注栏内注明增值税纳税人的名称和纳税人识别号(统一社会信用代码)。

（11）税务机关为提供建筑服务的纳税人代开增值税发票时，应在发票的备注栏注明建筑服务发生地的县(市、区)名称及项目名称。

（12）税务机关为跨县(市、区)提供不动产经营租赁服务的小规模纳税人(不包括其他个人)代开增值税发票时，在发票备注栏中自动打印"YD"字样文字。增值税所称"个人"是指个体工商户和其他个人，个体工商户以外的个人即为其他个人。

（13）税务机关为跨县(市、区)提供建筑服务的小规模纳税人(不包括其他个人)代开增值税发票时，在发票备注栏中自动打印"YD"字样。

（14）税务机关为销售不动产的纳税人代开增值税发票时，应在"发票货物或应税劳务、服务名称"栏填写不动产名称及房屋产权证书号码(无房屋产权证书的可不填写)，"单位"栏填写面积单位，在备注栏填写纳税人的名称、纳税人识别号(统一社会信用代码)、不动产的详细地址。

（15）税务机关对销售不动产的纳税人按照核定计税价格征税的，在代开增值税发票时，应在发票"金额"栏填写不含税计税价格，备注栏注明"核定计税价格，实际成交含税金额×××元"。

（16）税务机关为出租不动产的纳税人代开增值税发票时，应在备注栏注明不动产的详细地址。

（17）税务机关对出租不动产的纳税人按照核定计税价格征税的，在代开增值税发票时，应在发票"金额"栏填写不含税计税价格，备注栏注明"核定计税价格，实际成交含税金额×××元"。

（18）主管税务机关为个人代理人、证券经纪人汇总代开增值税发票时，应在备注栏内注明"个人保险代理人（证券经纪人、个人信用卡行业代理人、个人旅游行业代理人）汇总代开"字样文字。各行业的个人代理人均不包括个体工商户。

（19）税收政策规定的"纳税人采取折扣方式销售货物，如果销售额和折扣额在同一张发票上分别注明，可按折扣后的销售额征收增值税"是指，销售额和折扣额在同一张发票上的"金额"栏分别注明的可按折扣后的销售额征收增值税。未在同一张发票"金额"栏注明折扣额，而仅在发票的备注栏注明折扣额的，折扣额不得从销售额中减除。

（20）增值税一般纳税人发生真实交易但由于客观原因造成增值税扣税凭证（包括增值税专用发票、海关进口增值税专用缴款书和机动车销售统一发票）未能按照规定期限办理认证、确认或者稽核比对的，经主管税务机关核实、逐级上报，由省税务局认证并稽核比对后，对比相符的增值税扣税凭证，允许纳税人继续抵扣其进项税额。纳税人申请办理逾期抵扣时，应报送《逾期增值税扣税凭证抵扣申请单》❶、逾期增值税扣税凭证复印件等资料。逾期增值税扣税凭证复印件必须整洁、文字清晰，在凭证备注栏注明"与原件一致"并加盖企业公章，增值税专用发票复印件必须裁剪成与原票大小一致。增值税抵扣凭证未按期抵扣的客观原因的类型主要包括：自然灾害、社会突发事件等不可抗力因素造成增值税扣税凭证逾

---

❶《逾期增值税扣税凭证抵扣申请单》，国家税务总局深圳市税务局官网，2019年10月29日。

期；增值税扣税凭证被盗、抢，或者因邮寄丢失、误递导致逾期；有关司法、行政机关在办理业务或者检查中扣押增值税扣税凭证，纳税人不能正常履行申报义务，或者税务机关信息系统、网络出现故障，未能及时处理纳税人网上认证数据等导致增值税扣税凭证逾期；买卖双方因经济纠纷，未能及时传递增值税扣税凭证，或者纳税人变更纳税地点，注销旧户和重新办理税务登记的时间过长，导致增值税扣税凭证逾期；由于企业办税人员伤亡、突发危重疾病或者擅自离职，未能办理交接手续，导致增值税扣税凭证逾期；国家税务总局规定的其他情形。

发票丢失立即上报

《中华人民共和国发票管理办法实施细则》❶第三十一条规定："使用发票的单位和个人应当妥善保管发票。发生发票丢失情形时，应当于发现丢失当日书面报告税务机关。"

法律规定发票必须妥善保管，但仍然免不了出现丢失的情况，对于发票丢失，企业或个人应当及时处理，避免出现麻烦或法律问题。根据发票的是否开出，可将发票丢失分为三种情况（详见图11-1）。

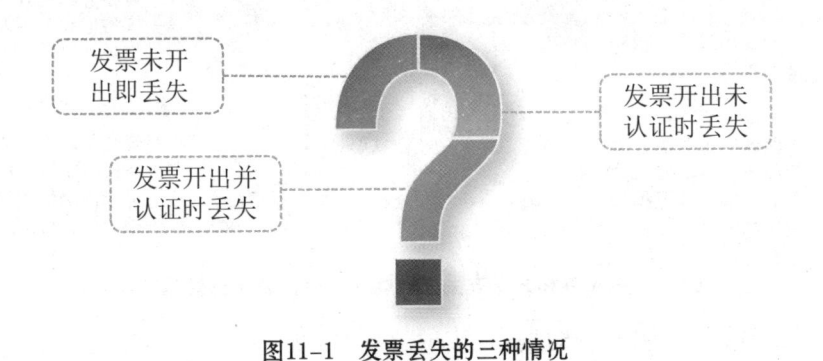

图11-1 发票丢失的三种情况

---

❶《中华人民共和国发票管理办法实施细则》（国家税务总局令第25号），国家税务总局官网，2011年02月14日。

1. 发票未开出即丢失

（1）购票单位应于事发当日书面报告税务机关，报告内容包括丢失的专用发票份数、字轨号码、盖章与否等。

（2）购票单位通过税务机关在《中国税务报上》刊登"遗失声明"。

（3）使用防伪税控系统开票的一般纳税人，还应持IC卡到税务机关办理电子发票退回手续。

2. 发票已开出未认证时丢失

（1）丢失发票联：①使用专用发票抵扣联到主管税务机关认证；②将专用发票抵扣联作为记账凭证；③用专用发票抵扣联复印件留存备查。

（2）丢失抵扣联：①使用专用发票发票联到主管税务机关认证；②将专用发票发票联作为记账凭证；③用专用发票发票联复印件留存备查。

（3）丢失发票联和抵扣联。这种情况的处理比较麻烦，分为购买方处理方式和开票方处理方式（图11-2）。

购买方丢失发票联和抵扣联：
- 购买方凭销售方提供的相应专用发票记账联复印件到主管税务机关认证
- 销售方所在地主管税务机关出具《丢失增值税专用发票已报税证明单》
- 将两者交由购买方主管税务机关审核，同意后可作为增值税进项税额的抵扣凭证

开票方丢失发票联和抵扣联：
- 提供发票复印件
- 开票方税务机关开具《丢失增值税专用发票已报税证明单》
- 将两者交由收票方主管税务机关审核，同意后可作为增值税进项税额的抵扣凭证

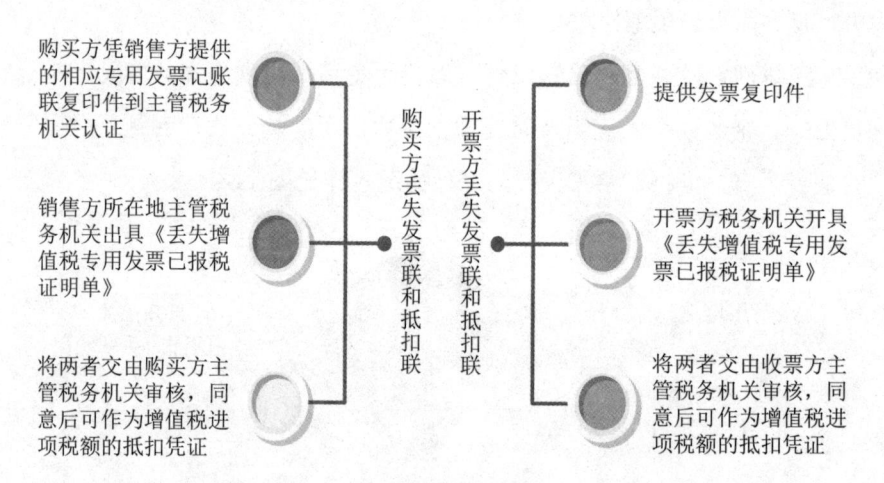

图11-2 购买方和开票方丢失发票联和抵扣联各自处理方式

3. 发票开出并认证时丢失

（1）丢失发票联：①使用专用发票抵扣联作为记账凭证；②使用专用发票抵扣联复印件留存备查。

（2）丢失抵扣联：①使用专用发票发票联作为记账凭证；②使用专用发票发票联复印件留存备查。

（3）丢失发票联和抵扣联：①开票方需要复印发票复印件，并由开票方所在地主管税务机关开具《丢失增值税专用发票已报税证明单》；②由收票方所在地主管税务机关审核同意后，可作为增值税进项税额的抵扣凭证。

谨防不合规发票

对于开具不合规发票，国家相关法律法规有着严格的界定和惩罚措施。企业不应越雷池一步，要谨防下列情况发生。

1. 发票抬头是其他企业

企业在经营中取得的发票抬头是其他企业，通常说明企业替他人承担了费用，该支出与企业收入无关，因此税前不得扣除。

《中华人民共和国企业所得税法》❶第十条第（八）款为："在计算应纳税所得额时，下列支出不得扣除：（八）与取得收入无关的其他支出。"

但因经济业务的复杂性，实际操作中也有例外，只要有其他辅助证据能够证明，取得抬头为其他企业的发票（复印件）和分割单，也可作为税前列支凭证。

《企业所得税税前扣除凭证管理办法》❷第十八条为："企业与其他企业（包括关联企业）、个人在境内共同接受应纳增值税劳务（以下简称'应税劳务'）发生的支出，采取分摊方式的，应当按照独立交易原则进行分摊，企业以发票和分割单作为税前扣除凭证，共同接受应税劳务的其他企业以企业开具的分割单作为税前扣除凭证。"

---

❶《中华人民共和国企业所得税法》，国家税务总局官网，2019年01月7日。

❷《国家税务总局关于发布〈企业所得税税前扣除凭证管理办法〉的公告》(国家税务总局公告2018年第28号），国家税务总局官网，2018年6月6日。

2. 发票抬头不完整

单位和个人在开具发票时，必须做到填写项目期权，内容真实。对于抬头不完整的发票，无论在会计上还是税务上，都属于不合规发票，企业取得该类发票不能用于税前扣除。

《国家税务总局关于进一步加强普通发票管理工作的通知》[1]第八条第二款规定："在日常检查中发现纳税人使用不符合规定发票特别是没有填开付款方全称的发票，不得允许纳税人用于税前扣除、抵扣税款、出口退税和财务报销。对应开不开发票、虚开发票、制售假发票、非法代开发票，以及非法取得发票等违法行为，应严格按照《中华人民共和国发票管理办法》[2]的规定处罚；有偷逃骗税行为的，依照《中华人民共和国税收征收管理法》[3]的有关规定处罚；情节严重触犯刑律的，移送司法机关依法处理。"

3. 发票上无纳税人识别号或统一社会信用代码

《国家税务总局关于增值税发票开具有关问题的公告》[4]第一条规定："自2017年7月1日起，购买方为企业的，索取增值税普通发票时，应向销售方提供纳税人识别号或统一社会信用代码；销售方为其开具增值税普通发票时，应在'购买方纳税人识别号'栏填写购买方的纳税人识别号或统一社会信用代码。不符合规定的发票，不得作为税收凭证。本公告所称企业，包括公司、非公司制企业法人、企业分支机构、个人独资企业、合伙企业和其他企业。"

但有两类增值税发票即便不能满足上述规定，只要是企业正常经营发生支出，也可以税前列支。

---

[1]《国家税务总局关于加强普通发票集中印制管理的通知》(国税函[2006]431号)，国家税务总局官网，2008年07月22日。

[2]《中华人民共和国发票管理办法》(国函〔1993〕174号)，国家税务总局官网，1993年12月12日。

[3]《中华人民共和国税收征收管理法》，国家市场监督管理总局官网，2015年04月24日。

[4]《国家税务总局关于增值税发票开具有关问题的公告》(国家税务总局公告2017年第16号)，国家税务总局官网，2017年5月19日。

（1）增值税定额发票。

（2）企业员工因公外出发生的交通费等。

4. 跨期发票

《中华人民共和国企业所得税法实施条例》❶第九条规定："企业应纳税所得额的计算，以权责发生制为原则，属于当期的收入和费用，不论款项是否收付，均作为当期的收入和费用；不属于当期的收入和费用，即使款项已经在当期收付，均不作为当期的收入和费用。本条例和国务院财政、税务主管部门另有规定的除外。"

如果企业在当年确认成本、费用时，使用的是上年度的发票，就违反了上述权责发生制原则，该类发票不属于有效发票，不能在企业所得税税前列支。

不可以开具专用发票的几种情况

国家税务总局关于发布《适用增值税零税率应税服务退（免）税管理办法》❷的公告第七条规定："实行增值税退（免）税办法的增值税零税率应税服务不得开具增值税专用发票。"

国家税务总局关于发布《营业税改征增值税跨境应税行为增值税免税管理办法（试行）》❸的公告第七条第一款规定："纳税人发生跨境应税行为免征增值税的，应单独核算跨境应税行为的销售额，准确计算不得抵扣的进项税额，其免税收入不得开具增值税专用发票。"

---

❶《中华人民共和国企业所得税法实施条例》(中华人民共和国国务院令第512号)，国务院办公厅官网，2007年12月6日。

❷《适用增值税零税率应税服务退（免）税管理办法》，国家税务总局官网，2014年2月8日。

❸《营业税改征增值税跨境应税行为增值税免税管理办法（试行）》，国家税务总局官网，2016年5月1日。

国家税务总局关于发布《出口货物劳务增值税和消费税管理办法》[1]的公告第十一条第（一）款规定："出口货物劳务除输入特殊区域的水电气外，出口企业和其他单位不得开具增值税专用发票。"

《国家税务总局关于在境外提供建筑服务等有关问题的公告》第八条规定："纳税人代理进口按规定免征进口增值税的货物，其销售额不包括向委托方收取并代为支付的货款。向委托方收取并代为支付的款项，不得开具增值税专用发票，可以开具增值税普通发票。"

《国家税务总局关于明确中外合作办学等若干增值税征管问题的公告》[3]第二条规定："航空运输销售代理企业提供境内机票代理服务，以取得的全部价款和价外费用，扣除向客户收取并支付给航空运输企业或其他航空运输销售代理企业的境内机票净结算款和相关费用后的余额为销售额。其中，支付给航空运输企业的款项，以国际航空运输协会（IATA）开账与结算计划（BSP）对账单或航空运输企业的签收单据为合法有效凭证；支付给其他航空运输销售代理企业的款项，以代理企业间的签收单据为合法有效凭证。航空运输销售代理企业就取得的全部价款和价外费用，向购买方开具行程单，或开具增值税普通发票。"

《国家税务总局关于在境外提供建筑服务等有关问题的公告》第六条规定："境外单位通过教育部考试中心及其直属单位在境内开展考试，教育部考试中心及其直属单位应以取得的考试费收入扣除支付给境外单位考试费后的余额为销售额，按提供'教育辅助服务'缴纳增值税；就代为收取并支付给境外单位的考试费统一扣缴增值税。教育部考试中心及其直属单

---

[1]《出口货物劳务增值税和消费税管理办法》，国家税务总局官网，2012年6月14日。
[2]《国家税务总局关于在境外提供建筑服务等有关问题的公告》（国家税务总局公告2016年第69号），国家税务总局官网，2016年11月4日。
[3]《国家税务总局关于明确中外合作办学等若干增值税征管问题的公告》（国家税务总局公告2018年第42号），国家税务总局官网，2018年07月25日。
[4]《国家税务总局关于在境外提供建筑服务等有关问题的公告》（国家税务总局公告2016年第69号），国家税务总局官网，2016年11月4日。

位代为收取并支付给境外单位的考试费,不得开具增值税专用发票,可以开具增值税普通发票。"

《国家税务总局关于金融机构开展个人实物黄金交易业务增值税有关问题的通知》❶第二条规定:"金融机构所属分行、支行、分理处、储蓄所等销售实物黄金时,应当向购买方开具国家税务总局统一监制的普通发票,不得开具银行自制的金融专业发票,普通发票领购事宜由各分行、支行办理。"

虚开发票要不得

虚开发票是指不如实开具发票的舞弊行为。纳税单位和个人为了达到偷税的目的,开具发票时在商品名称、商品数量、商品单价以及金额填写上采取弄虚作假的方法,甚至利用比较熟悉的关系,虚构交易事项虚开发票。

通常纳税单位和个人为了偷逃税,在开具发票时会采取"大头小尾"的方法——即发票联金额大而存根联金额小;或是销售单位为了拉业务,在开具发票时采取"上假下真"的方法——即存根联填写真实而发票联虚开。

按流转额(销售收入)计算纳税额,纳税人少计算发票金额、匿报收入就少缴增值税、附加税等;同时,销售收入的减少也直接影响计税利润而少缴所得税。

虚开增值税专用发票是指为他人虚开、为自己虚开、让他人为自己虚开、介绍他人虚开增值税专用发票或者骗取出口退税、抵扣税款发票的行为。下列情况属于虚开增值税专用发票:

---

❶《国家税务总局关于金融机构开展个人实物黄金交易业务增值税有关问题的通知》(国税发〔2005〕178号),国家税务总局官网,2005年11月7日。

（1）没有货物购销或者没有提供/接受应税劳务而为他人、为自己、让他人为自己、介绍他人开具增值税专用发票；

（2）有货物购销或者提供/接受了应税劳务，但为他人、为自己、让他人为自己、介绍他人开具数量或者金额不实的增值税专用发票；

（3）进行了实际经营活动，但让他人为自己代开增值税专用发票。

以下虚开虚售增值税专用发票的行为在企业之间发生较多，企业应当杜绝这些行为：

（1）完全没有真实交易，向发票倒卖公司支付开票费后收受增值税专用发票并申报认证抵扣；

（2）企业作为销货方，与购货方发生真实交易关系，却让其他公司、关联公司、子公司等单位为自己向购货方代开增值税专用发票；

（3）企业作为销货方，与购货方发生真实交易关系，却在购货方的要求或安排下将增值税专用发票开具给第三方；

（4）企业作为购货方，与销货方发生真实交易关系，却从第三方取得增值税专用发票；

（5）企业作为第三方，与购货方没有真实交易关系，却为真实的销货方向购货方代开增值税专用发票；

（6）企业作为第三方，与销货方没有真实交易关系，却为真实的购货方收受增值税专用发票；

（7）企业之间具有真实的交易关系，但开具或接受的增值税专用发票上记载的服务内容、货物品名、数量、金额与实际购销交易情况不相符；

（8）介绍企业虚开或介绍接受虚开的增值税专用发票；

（9）应客户要求帮着客户提高开票额进行虚开；

（10）因部分客户不要发票，收取税点，将剩余发票开给需要发票的企业。

虚开普通发票是指单位或者个人为他人虚开、为自己虚开、让他人为自己虚开、介绍他人虚开增值税专用发票或者用于骗取出口退税、抵扣税款的其他发票之外的普通发票,情节严重的行为。

在上述情形中,作为开票方的企业,无论是否收取开票费,均有被认定为有虚开增值税专用发票违法行为的风险;同理,作为受票方的企业,无论是否支付开票费,也均有被认定为存在虚开增值税专用发票违法行为的极大风险。企业在实施上述风险行为时可能在主观上是以偷逃国家税款为目的,但也可能存在其他目的,但无论如何,企业首先应当杜绝利用增值税专用发票来偷逃税款的行为,同时也要注意尽量避免发生利用增值税专用发票来实现其商业目的的行为。

实际业务中怎么识别虚开普通发票?

(1)开票时经常换单位名字(多为商贸企业)。

(2)商贸企业购进货物名称与销售货物名称严重背离。

(3)随意开具红字发票冲减以往年度的蓝字发票。

(4)生产能耗费用情况如电费情况与销售情况严重不符。

(5)发票开具后大量作废。

(6)发票连续多次增量增版。

(7)一定时间内开具的增值税发票金额突增。

(8)企业税务大部分发票顶额开具,发票开具金额满额度高于90%。

(9)资金或存货周转次数平均每月超过五次。

(10)成立时间多在半年以内,但营业规模迅速扩大。

(11)连续同时办理税务登记或一般纳税人认定的多家企业。

(12)法人、财务负责人曾担任非正常户的负责人或财务负责人,且法人与财务负责人交叉担任。

虚开发票的法律风险

虚开发票是一条红线,是高压线,企业千万不要去碰。虚开专用发票，法律规定，涉税金额达一万元以上，即可入刑。企业有虚开发票的行为后，无论采取什么掩盖措施，比如注销企业、账面整理、痕迹清理等，都改变不了虚开的事实，也规避不了虚开的风险。很多人认为，企业注销了，就什么痕迹都没了，一了百了了，所有的事情都过去了。其实这是自欺欺人的想法，有很多虚开企业注销后，上下游被查出虚开的事实，整个虚开链条的多家连带企业相关股东和负责人照样被追究法律责任。

《中华人民共和国发票管理办法》❶第二十二条规定："开具发票应当按照规定的时限、顺序、栏目，全部联次一次性如实开具，并加盖发票专用章。任何单位和个人不得有下列虚开发票行为：（一）为他人、为自己开具与实际经营业务情况不符的发票；（二）让他人为自己开具与实际经营业务情况不符的发票；（三）介绍他人开具与实际经营业务情况不符的发票。"

1. 虚开增值税专用发票的行政和刑事处罚

《中华人民共和国发票管理办法》第三十七条规定："违反本办法第二十二条第二款的规定虚开发票的，由税务机关没收违法所得；虚开金额在1万元以下的，可以并处5万元以下的罚款；虚开金额超过1万元的，并处5万元以上50万元以下的罚款；构成犯罪的，依法追究刑事责任。"

《中华人民共和国刑法》第二百零五条第一、第二款规定："虚开增值税专用发票或者虚开用于骗取出口退税、抵扣税款的其他发票的，处三年以下有期徒刑或者拘役，并处二万元以上二十万元以下罚金；虚开的税款数额较大或者有其他严重情节的，处三年以上十年以下有期徒刑，并处五万元以上五十万元以下罚金；虚开的税款数额巨大或者有其他特别严重情节的，处十年以上有期徒刑或者无期徒刑，并处五万元以上五十万元以下罚金或者没收财产。单位犯本条规定之罪的，对单位判处罚金，并对其

---

❶《中华人民共和国发票管理办法》国函〔1993〕174号），国家税务总局官网，1993年12月12日。

直接负责的主管人员和其他直接责任人员，处三年以下有期徒刑或者拘役；虚开的税款数额较大或者有其他严重情节的，处三年以上十年以下有期徒刑；虚开的税款数额巨大或者有其他特别严重情节的，处十年以上有期徒刑或者无期徒刑。"

《最高人民检察院、公安部关于公安机关管辖的刑事案件立案追诉标准的规定（二）》[1]第六十一条规定："虚开增值税专用发票或者虚开用于骗取出口退税、抵扣税款的其他发票，虚开的税款数额在一万元以上或者致使国家税款被骗数额在五千元以上的，应予立案追诉。"

2. 虚开增值税普通发票的行政和刑事处罚

《中华人民共和国刑法》第二百零五条第四、第五款规定："虚开本法第二百零五条规定以外的其他发票，情节严重的，处二年以下有期徒刑、拘役或者管制，并处罚金；情节特别严重的，处二年以上七年以下有期徒刑，并处罚金。单位犯前款罪的，对单位判处罚金，并对其直接负责的主管人员和其他直接责任人员，依照前款的规定处罚。"

《最高人民检察院、公安部关于公安机关管辖的刑事案件立案追诉标准的规定（二）的补充规定》[2]第二条为："虚开刑法第二百零五条规定以外的其他发票，涉嫌下列情形之一的，应予立案追诉：（一）虚开发票一百份以上或者虚开金额累计在四十万元以上的；（二）虽未达到上述数额标准，但五年内因虚开发票行为受过行政处罚二次以上，又虚开发票的；（三）其他情节严重的情形。"

---

[1]《关于印发〈最高人民检察院公安部关于公安机关管辖的刑事案件立案追诉标准的规定（二）〉的通知》，最高人民检察院 公安部官网，2022年4月6日。

[2]《最高人民检察院、公安部关于印发〈最高人民检察院、公安部关于公安机关管辖的刑事案件立案追诉标准的规定（二）的补充规定〉的通知》(公通字[2011]47号)，最高人民检察院官网，2012年08月30日。

真实的业务交易也要严防虚开发票

虚开不一定都是无中生有，有些是有真实交易的，但因为是票货分离的状况或是其他企业代开增值税发票，一样会引发虚开风险。

1. 票货分离型虚开

狭义的票货分离是指实际购货方不需要发票，而销售方对实际购货方应开具但未开具发票，转而将发票开给其他需要发票的人。比如，A公司销售货物给B公司，本应开具发票而没有开具发票，却将相应的发票开具给C公司。

广义的票货分离是指一家企业销售不能抵扣的产品给另一家企业。比如，A企业销售一批货物给D企业，D企业购进该批货物的发票不能抵扣，但A公司给D公司开具了可以抵扣的发票。接受了发票的D公司增加了抵扣税款，A公司作为开票方却没有增加对应的应收税款，导致国家增值税税款损失。

A公司销售货物给E公司，价税合计1000万元，其中增值税税款为100万元。此时A公司面临破产清算，已经没有能力缴纳税款。如果E公司不接受虚开发票，应纳税金额为110万元，如果E公司接受了虚开发票，应纳税金额为10万元。

E公司抵扣税额后，应纳税金额减少了100万元。A公司应纳税金额增加了100万元，但因面临破产，实缴税额必将低于100万元。

此件虚开案例导致国家增值税税款处于可能流失的危险状态的最大金额为100万元，应按照虚开税款100万元对A公司和E公司予以入罪。

2. 其他企业代开增值税发票

C 公司从 B 公司购入一批货物，价税合计 1550 万元，其中增值税税款为 150 万元，但专用发票是由 A 公司开具给 C 公司的。

C 企业负责人认为有真实采购行为，并且代开的增值税专用发票上也是如实记录的，并没有虚构交易的数量、金额和品名，同时开具发票的 A 公司也缴了税。但 C 企业的做法确实触犯了法律，因为抵扣方没买货而做出抵扣行为，实则是在逃税。税务机关并不会割裂环节看问题，而是对开票方、销售方、物流方等各环节多角度看问题。

最后，本书总结出四个要点供参照，防止企业产生虚开发票的嫌疑，让业财税更合规。

（1）向谁买的货就向谁要票。购货方在哪家销售方提取的货物，就向哪家销售方付款并索要发票，不能让第三方开票。

（2）在哪提的货最好就收哪的票。不能收取销货地城市以外地区的发票，即便是总分机构之间也不行。税收管理中有个税源地问题，企业也要考虑。

（3）总分机构之间调配货物视同销售。比如，总部设在 S 市的某公司向 K 市的分公司调集材料，调出方（K 市分公司）为出售方给收入方（总公司）开具销售材料内容的发票，并缴纳增值税。

（4）不同法人销售方之间调货视同销售。比如，甲没有乙所需要的全部货物，准备从丙处调货。正确的做法是：①甲从丙处调货（视同购货），丙将货物发送给甲，并开发票给甲，甲将整批货物调拨给乙（视同销售），再开发票给乙。②乙从甲和丙处各调拨一部分货物（视同购货），甲和丙分别给乙开票调货（视同销售）。

预防发票走逃风险

发票走逃是指增值税一般纳税人开具增值税专用发票后,产生了纳税义务,但是该纳税人未按照规定缴纳税款,逃跑躲避税收征管部门征税的违法行为。

《中华人民共和国发票管理办法》[1]第二十条规定:"所有单位和从事生产、经营活动的个人在购买商品、接受服务以及从事其他经营活动支付款项,应当向收款方取得发票。取得发票时,不得要求变更品名和金额。"

《中华人民共和国发票管理办法》第二十一条规定:"不符合规定的发票,不得作为财务报销凭证,任何单位和个人有权拒收。"

《中华人民共和国发票管理办法》第二十四条规定:"任何单位和个人应当按照发票管理规定使用发票,不得有下列行为:(一)转借、转让、介绍他人转让发票、发票监制章和发票防伪专用品;(二)知道或者应当知道是私自印制、伪造、变造、非法取得或者废止的发票而受让、开具、存放、携带、邮寄、运输;(三)拆本使用发票;(四)扩大发票使用范围;(五)以其他凭证代替发票使用。税务机关应当提供查询发票真伪的便捷渠道。"

根据税务登记管理有关规定,税务机关通过使用实地调查、电话查询、涉税事项办理核查以及其他征管手段,仍对企业和企业相关人员查无下落的,或虽然可以联系到企业代理记账、报税人员等,但其并不知情也不能联系到企业实际控制人的,可以判定该企业为走逃(失联)企业。

《国家税务总局关于走逃(失联)企业开具增值税专用发票认定处理

---

[1]《中华人民共和国发票管理办法》国函〔1993〕174号),国家税务总局官网,1993年12月12日。

有关问题的公告》❶第二条第一款规定:"走逃(失联)企业存续经营期间发生下列情形之一的,所对应属期开具的增值税专用发票列入异常增值税扣税凭证(以下简称'异常凭证')范围。1.商贸企业购进、销售货物名称严重背离的;生产企业无实际生产加工能力且无委托加工,或生产能耗与销售情况严重不符,或购进货物并不能直接生产其销售的货物且无委托加工的。2.直接走逃失踪不纳税申报,或虽然申报但通过填列增值税纳税申报表相关栏次,规避税务机关审核比对,进行虚假申报的。"

实务中,对涉及走逃或者失联企业开具的发票的核实难度较大,税务机关核查期限也会拉长,若遇到供应商企业注销则更为棘手。即使能够证明是善意取得,较大金额的进项税额转出和补缴税款滞纳金也将给企业带来经济损失。因此,企业要从源头把好关,尽量杜绝收到"异常发票"。

(1)交易前仔细了解交易方的资质、规模、纳税信用、经营状况等基本信息。建议通过国家企业信息公示网查询合作企业是否存在异常经营,如发现交易方明显无实际生产能力,或生产能耗与销售情况严重不符,或购进、销售明显背离行业常规,应提高警惕。

(2)建立完善的财务制度和发票保管制度。企业取得增值税专用发票,应重点核实商品名称、金额、税率、销售方名称、纳税识别号、备注栏等票面信息,检查是否填列完整,且是否与实际业务保持一致;一旦有异常,要及时处理。通过对公账户转账交易时,要格外警惕专票注明交易方账户与交易方提供的转账账户不一致的情况。

(3)注重交易完成后的"痕迹管理"。对于每一张用于抵扣的增值税专用发票,都必须将其"三流一致"(资金流、业务流、发票流)信息作为备查资料归档。企业要留存合同协议、资金交易记录、入库单、出库单、运输合同协议、仓库保管凭证等资料,以应对税务机关的检查。

---

❶《国家税务总局关于走逃(失联)企业开具增值税专用发票认定处理有关问题的公告》(国家税务总局公告 2016 年第 76 号),国家税务总局官网,2016 年 12 月 1 日。

全面数字化的电子发票

全面数字化的电子发票（简称"全电发票"），是以可信身份认证体系和新型电子发票服务平台为依托，以标签化、要素化、去版式、授信制、赋码制为特征，以全领域、全环节、全要素电子化为运行模式的新型电子发票。

国家税务总局建设了全国统一的电子发票服务平台，24小时在线免费为纳税人提供全面数字化的电子发票（以下简称"全电发票"）开具、交付、查验等服务，实现发票全领域、全环节、全要素电子化。

全电发票有利于提高工作效率、降低开发票风险、节约快递成本、压缩结算周期。虽然目前还在试点阶段，但是采用全电发票一定是未来的趋势，企业应早做安排，早日申请办理。全电发票的优点有如下几点。

（1）领票流程更简化

全电发票实现"去介质"，纳税人不再需要预先领取专用税控设备；通过"赋码制"取消特定发票号段申领，发票信息生成后，系统自动分配唯一的发票号码；通过"授信制"自动为纳税人赋予开具金额总额度，实现开票"零前置"。新办纳税人可实现"开业即可开票"。

（2）发票开具更便捷

一是发票开具渠道更多元。纳税人不仅可以通过在电脑网页端开具全电发票，电子发票服务平台全部功能上线后，还可以通过客户端、移动端手机 App 随时、随地开具全电发票。

二是发票服务"一站式"，更便捷。纳税人登录电子发票服务平台后，可进行发票开具、交付、查验以及用途勾选等系列操作，享受"一站式"服务，不再像以前需登录多个平台才能完成相关操作。

三是发票数据应用更广泛。通过"一户式""一人式"发票数据归集，加强各税费数据联动，为实现"一表集成"式税费申报预填服务奠定数据基础。

四是"去版式"满足个性业务需求。全电发票可以选择以数据电文形式交付，破除PDF、OFD等特定版式要求，降低发票使用成本，提升纳税人用票的便利度和获得感。

五是纳税服务渠道更畅通。电子发票服务平台提供征纳互动相关功能，如增加智能咨询，纳税人在开票、受票等过程中，平台自动接收纳税人业务处理过程中存在的问题并进行智能答疑；增设异议提交功能，纳税人对开具金额总额度有异议时，可以通过平台向税务机关提出。

（3）入账归档一体化

一是通过制定电子发票数据规范、出台电子发票国家标准，实现全电发票全流程数字化流转，进一步推进企业和行政事业单位会计核算、财务管理信息化。

二是发布电子发票数据规范和接口标准，实施开放电子发票服务平台接口方案，鼓励规模较大、信息化程度较高的企业改造ERP等财务软件，直接对接，实现发票报销、入账、归档一体化操作。

第十二章　合同设计中的税收问题

合同与业务及税收的关系

一个长期共识是：合同跟法律关系紧密。所以，人们在签署重要合同之前，都会想到请专业律师把把关，在确保合法的前提下，为己方争取更多的利益，更为避免因合同条款引发法律风险。

这种认识和其做法完全正确，白纸黑字签下去，是要对此负责任的。但作为财税方面的工作者，本书作者更想告诉大家合同跟税务的关系同样非常紧密。

《中华人民共和国增值税暂行条例实施细则》❶第三十八条第三款规定："采取赊销和分期收款方式销售货物，为书面合同约定的收款日期的当天，无书面合同的或者书面合同没有约定收款日期的，为货物发出的当天。"

《中华人民共和国企业所得税法实施条例》❷第二十三条规定："以分期收款方式销售货物的，按照合同约定的收款日期确认收入的实现。"

根据以上规定可知，企业采取赊销或分期收款，增值税和企业所得税的纳税义务发生时间都是合同约定的收款日期时间。因为合同签订在前，纳税在后，合同签订时就已经决定纳税义务发生时间是何时了。

---

❶《中华人民共和国增值税暂行条例实施细则》(中华人民共和国财政部令国家税务总局第50号)，财政部官网，2008年12月18日。

❷《中华人民共和国企业所得税法实施条例》(中华人民共和国国务院令第512号)，国务院办公厅官网，2007年12月6日。

由此可见，在签署合同时，一定要考虑到合同与税务的关系，从防控税务风险的角度出发做到以下三点：

（1）合同条款设计和签订时要考虑后期的纳税义务发生时间，并按时交纳税款，避免延期交纳税款引发行政罚款或法律风险；

（2）合同签订完毕之后，纳税义务发生时间到来之前，若己方按照合同约定的日期及纳税发生时间存在纳税困难的，可跟对方协商变更合同收款条款，变更至对方支付款项之后再纳税；

（3）合同签订完毕，对方不支付款项，而己方存在纳税困难的，在跟对方协商不成后，己方仍需按照合同约定的时间即纳税发生时间依法纳税，避免引发行政罚款或法律风险。

合同主体与合同条款中隐藏的风险

"营改增"之后，服务提供方为增值税一般纳税人，服务提供方缴纳的增值税可以作为进项税额被服务接受方用来抵扣，因此对合同双方名称的规范性要求很高。

生产企业作为服务接受方需要把企业的名称、纳税人识别号、地址、电话、开户行账号信息主动提供给服务提供方，用于服务提供方开具增值税专用发票。

此外，签订合同时要明确合同标的额是否包含增值税，服务接受方应主动和服务提供方重新协商合同总标的额。对于其他税费的承担方式也应进行约定，避免遇到在实务中出具非贸易项下付汇证明时可能出现的困难。

向境外支付服务费时，服务接受方和服务提供方要约定城市维护建设税、教育费附加、增值税、所得税的承担方。对于代扣代缴义务涉及税款的合同条款，应及时进行更新，以反映"营改增"之后境内服务接受方不同的代扣代缴义务。

为确保采购方取得增值税专用发票，必须在合同条款中增加"取得合规的增值税专用发票后才支付款项"的条款，具体为："……采购总额为不含税×元，供货方须在货物交付后×日内向我方提供增值税专用发票。供货方提供的增值税专用发票经我方审核无误、履行付款审批流程后，我方即按增值税专用发票表明的银行账户向供货方支付货款。供货方未能按我方要求提供增值税专用发票的，应承担合同总额×%的违约金；供货方未能将增值税专用发票送交我方，且无法提供我方已签收证据，使增值税专用发票逾期无法认证的，造成的损失由供货方全额赔偿，我方有权从应付货款中直接扣除……"

为防止供货方提供或购买虚假的增值税专用发票，必须在合同条款中增加"虚开增值税专用发票责任"的条款，具体为："……供货方应向我方提供真实合规的增值税专用发票，并准确填写增值税专用发票的开票信息。因供货方开具的增值税专用发票不合法或涉嫌虚开增值税专用发票或增值税专用发票填写错误，造成我方增值税扣税凭证损失的，由供货方全额赔偿，且不免除供货方重新开具合法增值税专用发票的义务……"

合同设计与发票开具相匹配

"营改增"之后，不同业务行业使用税率的差异变大了，很多企业在开展业务和签订合同时，人为签订更低的适用税率或开具不同税率的发票，但增值税的缴纳不仅与行业有关，也与相关政策有关。

A公司在销售机器设备的同时提供安装服务。但在签订合同时未对设备销售金额和安全金额分别体现，而是合并合同金额条款，如"销售××机器设备并负责安全，销售金额为100万元（提供正规有效的发票）"。

A 公司在开具发票时分别列出销售金额和安装金额：①机器设备金额 68.97 万元，税金 11.03 万元（68.97×16%），合计 80 万元；②设备安装费用 19.42 万元，税金 0.58 万元（19.42×3%），合计 20 万元。

一般纳税人销售机器设备的同时提供安装服务，应分别计算机器设备金额和安装服务的费用，安装服务可以算作加工工程，选择使用简易计税方法计税。

一般纳税人销售外购及其设备的同时提供安装服务，如果已经按照兼营的有关规定分别核算机器设备和安装服务的销售额与费用，安装服务可以按照加工工程选择适用简易计税方法计税。

通过上述分析可知，A 公司在销售机器设备时，安装部分若要享受简易计税，必须分别核算（会计处理上和合同签订时），否则合同签订与发票开具不符就存在涉税风险。

若 A 企业在签订合同时，将机器设备金额与安装费用分别罗列与体现，如销售××机器设备并负责安装，销售金额为 80 万元，安装费用为 20 万元（提供正规有效的发票）。实务中，会计处理上也进行分别核算，合同与发票相匹配，就不存在此方面的涉税风险了。

纳税义务发生时间的涉税条款设计

纳税义务发生时间是指纳税人依照税法规定负有纳税义务的时间。既为了明确纳税人承担纳税义务的具体日期，也有利于税务机关实施税务管理。合理规定申报期限和纳税期限，监督纳税人依法履行纳税义务。

由于纳税人的某些应税行为和取得应税收入在发生时间上不尽一致，为正确确定税务机关和纳税人之间的征纳关系和纳税人应尽职责，税法对纳税义务发生时间都作了明确规定（图 12-5）。

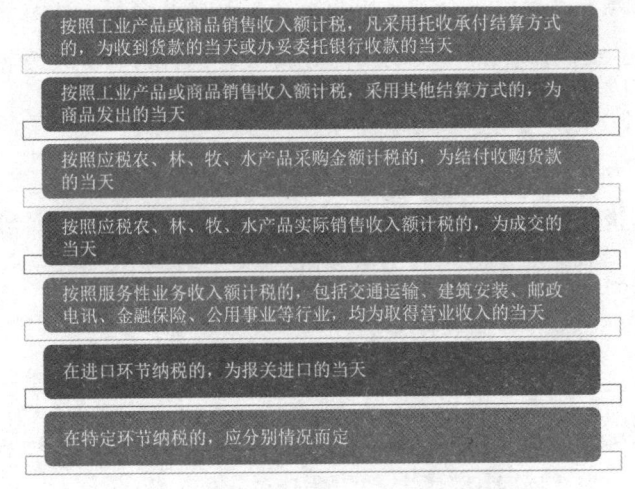

- 按照工业产品或商品销售收入额计税，凡采用托收承付结算方式的，为收到货款的当天或办妥委托银行收款的当天
- 按照工业产品或商品销售收入额计税，采用其他结算方式的，为商品发出的当天
- 按照应税农、林、牧、水产品采购金额计税的，为结付收购货款的当天
- 按照应税农、林、牧、水产品实际销售收入额计税的，为成交的当天
- 按照服务性业务收入额计税的，包括交通运输、建筑安装、邮政电讯、金融保险、公用事业等行业，均为取得营业收入的当天
- 在进口环节纳税的，为报关进口的当天
- 在特定环节纳税的，应分别情况而定

图12-5　税法对纳税义务发生时间的规定

以建筑行业为例，其增值税纳税义务发生时间尤为重要，涉及税款预缴、纳税申报、会计核算、税率确认、发票开具等若干环节。

对于已收取工程进度款或已开具发票的情况，纳税义务发生时间比较容易判断。对于将取得索取销售款项凭据的当天，即书面合同确定的付款日期作为纳税义务发生的时间要引起重视。

《中华人民共和国民法典》❶第七百八十九条规定："建设工程合同应当采用书面形式。"

《＜建设项目工程总承包合同＞（示范文本）》❷第14.3.2条为："进度付款审核和支付：

除专用合同条件另有约定外，工程师应在收到承包人进度付款申请单以及相关资料后7天内完成审查并报送发包人，发包人应在收到后7天内完成审批并向承包人签发进度款支付证书。发包人逾期〔包括因工程师原因延误报送的时间〕未完成审批且未提出异议的，视为已签发进度款支付

---

❶《中华人民共和国民法典》2020年5月28日第十三届全国人民代表大会第三次会议通过），新华社网，2020年06月2日。

❷《住房和城乡建设部 市场监管总局关于印发〈建设项目工程总承包合同〉（示范文本）的通知》，网监司官网，2020年12月15日。

证书。

工程师对承包人的进度付款申请单有异议的，有权要求承包人修正和提供补充资料，承包人应提交修正后的进度付款申请单。工程师应在收到承包人修正后的进度付款申请单及相关资料后7天内完成审查并报送发包人，发包人应在收到工程师报送的进度付款申请单及相关资料后7天内，向承包人签发无异议的局部进度款支付证书。存在争议的局部，按照第20条[争议解决]的约定处理。

除专用合同条件另有约定外，发包人应在进度款支付证书签发后14天内完成支付。发包人逾期支付进度款的，按照贷款市场报价利率〔LPR〕支付利息；逾期支付超过56天的，按照贷款市场报价利率〔LPR〕的两倍支付利息。

发包人签发进度款支付证书，不说明发包人已同意、批准或接受了承包人完成的相应局部的工作。"

巧签合同降低税负

越来越多的企业财务被要求参与到合同签署的审核中，因为合同签订得好坏可以决定税负成本的大小。通过财务人员对合同中涉税条款的审查与核对，或许可以为企业在合法合理的前提下节省一大笔税款。

A公司聘请B院校教授甲进行财税培训，签订了培训合同，培训费用共计40000元。合同条款约定：教授甲的机票5000元由A公司承担报销。请问：这5000元机票能否抵扣增值税？答案是"不能"，因为企业为非雇员支付的旅客运输费用不能纳入抵扣范围。

如果将合同重新签订，培训费用为45000元，合同条款约定：教授甲的机票等所有车旅费用由B院校承担。则取得B院校培训费45000元的增值税专用发票就可以抵扣增值税。

C是一家大型物业公司，将一幢商业门面房对外出租，与承租方签订房屋租赁合同，一年租金1000万元（含物业费240万元），每年一次性收取。

在不考虑附加税费、印花税等的情况下，税费共计210万元：

（1）房屋增值税=1000×9%=90（万元）

（2）房产税=1000×12%=120（万元）

如果将合同重新签订，C物业公司对外出租商业门面房的出租收入仍是1000万元（含物业费240万元），签订合同时对房租和物业费分别签订，即签订房屋租赁合同，一年租金760万元，每年一次性付清；签订物业管理服务合同，一年物业费240万元，每年一次性付清。

在不考虑附加税费、印花税等的情况下，税费共计174万元：

（1）房租增值税=760×9%=68.4（万元）

（2）物业费增值税=240×6%=14.4（万元）

（3）房产税=760×12%=91.2（万元）

两次签订的合同都是在如实守法的情况下，后者却比前者节税36万元。企业出租房屋时，会附带加收房屋内部或外部的一些附属设施使用及配套服务费，比如机器设备、办公用具、附属用品、物业管理服务等。税法对附属设施并不征收房产税，因此一定不要将附属设施不加区别地写进一张租赁合同里，为企业增加不必要的税负负担。

改变业务模式可以合理筹划税务

通过合同改变业务模式节税必须遵循两个原则：①合同与账务税务处理相匹配，否则账要么是假账，要么是错账；②合同与发票开具相匹配，否则要么是虚开发票，要么是开假票。

D销售公司在2021年7月份发生的三类销售业务货款共计3000万元。

其中，第一笔为 1000 万元，现金结算；第二笔为 2000 万元，一年后收款。

D 销售公司全部采用直接收款方式的合同，于是在当月（8月份）全部计算销售额，计提销项税额为 390 万元（3000 万 ×13%）。

若是根据收款形式改变合同签订，是否会为企业节约流动资金呢？答案是"会"。具体做法是：对未收到的 2000 万元，通过与购买方签订赊销和分期收款的合同，约定一年后的收款日期，就可以延缓一年的纳税时间。

2017 年 8 月只需缴纳增值税税额 =1000×13%=130（万元）

一年后再需缴纳增值税税额 =2000×13%=260（万元）

由此可见，采用赊销和分期收款方式，可以为企业在当年节约大量的流动资金。如果 D 企业用当年节约的 260 万元进行一些生产投资或债券、股票投资，由此所获的利润也可以看作是企业成本节约费，甚至可以看作是变相节税。

"直接收款"和"分期付款"之所以会对税收方式产生影响，主要是两者之间有本质性区别。

（1）直接收款方式就是"钱货两清"的方式：交易双方一方取得货款或者取得索取货款的凭据，同时另一方取得交易的货物或者提货凭据（即拿到货物所有权）。作为卖方，拿到货款的同时，货物所有权交付给买方；作为买方，拿到货物所有权的同时支付货款。

（2）分期付款方式来源于以信用为基础的赊销方式：卖方与买方签订购货协议后，卖方让买方取走货物，而买方按照协议在规定日期以一次性付款或分期付款的不同形式付清货款。因此，赊销是卖方以直接移交货物所有权的方式先发货，后收取货款；买方拿到货物后，在尚未付款或付清全款的情况下完全拥有货物的所有权和处置权。

187

第十三章　业税协同税收规划

股权结构搭建的税务筹划

企业具有营利性质，追逐更多的利益、合理减轻税负是企业经营的两门必修课。有了利益为基础，才有承担社会责任的能力。股权结构确立是企业成立之初就要涉及的，即便是个人独资，老板也要具有股权结构搭建的意识，为将来企业的发展扩大打下基础。合理的股权结构设计不仅能使企业高效运转，还能节省一定的成本。

有限责任公司的利润如果要用于给个人股东分红，在利润已经用于缴纳25%的企业所得税基础上，股东还需要缴纳20%的个人所得税。

45%，相当于利润的一半，所以私企老板宁愿将利润一直挂"其他应收款"。但新的税法规定将这条路堵死了：其他应收款里的股东个人借款，如果纳税年度终了没有被偿还，又未用于生产经营的，视同个人投资者的分红处理，需要缴纳个人所得税。

一直挂其他应收款不可行了，采用"两套账"的违法违规做法肯定更不可行。必须以合法合规的途径减少税负支出，这就是税务筹划。

与有限责任公司的税率相比，合伙企业免收企业所得税，针对经营所得部分只需缴纳个人所得税，税率最低为5%，最高为35%。

在某些有税收优惠政策的地区，设立个人独资企业并满足小规模纳税人标准时，还可以申请采用核定征收方式纳税。此时经营所得税的计算公式为：

经营所得税＝营业收入 × 个人所得税（经营所得）累进税率 × 核定征收率

比如现代服务业的核定征收率一般为 10% 左右，采用核定征收方式的现代服务业企业的个人所得税综合税率仅为 0.5% ~ 3.5%。这就是很多网红工作室采用个人独资企业形式进行工商注册的原因。

虽然合伙企业税负明显低于公司，但合伙企业形式也存在劣势，就是合伙企业的普通合伙人需要承担无限连带责任，而且合伙企业的业务展开也存在诸多限制。

公司间的分红不涉及个人所得税的问题，比如 A 公司投资 B 公司，B 公司的利润分配给 A 公司，是没有额外的税赋的。

《中华人民共和国企业所得税法》❶第二十六条第二项规定："企业的下列收入为免税收入：（二）符合条件的居民企业之间的股息、红利等权益性投资收益。"

甲成立 A 公司，A 公司对外投资 B 公司。在年度结算时，B 公司向其企业股东 A 公司进行分红。A 公司获得的分红收入是免税收入，因为该分红是计算 B 公司经营收益时已经被扣缴了 25% 的企业所得税的。只有在 A 公司最终向甲分红时，才需要扣缴 20% 的分红个人所得税。甲没有选择分红，而是将 A 公司作为"资金池"，暂时将分红留存。

《中华人民共和国企业所得税暂行条例》❷第十一条规定："纳税人发生年度亏损的，可以用下一纳税年度的所得弥补；下一纳税年度的所得不足弥补的，可以逐年延续弥补，但是延续弥补期最长不得超过五年。"

根据上述条款可知，如果企业因扩大规模、经营不善等原因存在亏损，以后相应纳税年度的盈利可以用来弥补亏损。

---

❶《中华人民共和国企业所得税法》，国家税务总局官网，2019 年 01 月 7 日。
❷《中华人民共和国企业所得税暂行条例》（中华人民共和国国务院令第137号），中华人民共和国住房和城乡建设部官网，2001 年 10 月 23 日。

实践并非这样简单，很多企业管理者（实际控制人）对于实际开展业务的公司，除了直接持股外，还通过设立另一家公司或另一家合伙企业这样的中间平台对实际开展业务的公司进行持股。

许多企业的实际控制人为了激励高管和员工，会设立员工持股平台，但又要保护自己的控制权，就以设立合伙企业性质的持股平台的方式实现。通过在税收洼地设立合伙企业，企业实际控制人作为GP（普通合伙人）享有决策权，员工作为LP（有限合伙人）仅享有分红权。

- 激发了员工努力工作的动力
- 避免了企业实际控制人的控制权受到影响
- 合法合规避免了承担45%的税赋
- 突破有限责任公司最多50名股东人数的限制
- 只需在持股平台变动员工退股或新入股

图13-1 设立员工持股平台的好处

通过股权结构搭建的税务筹划，还有分公司和子公司的区别。除了流转税，分公司企业所得税是与母公司合并缴纳的。如果分公司是亏损的，可以冲抵母公司所得税；如果分公司盈利，可以借用母公司的亏损。子公司则是独立的法人实体，可以享受区域性的税收优惠政策。

其实，股权架构的设置更多是出于商业计划及多种因素的考虑，节税仅仅是一个附带因素。依法纳税是我们每个公民和企业应尽的义务。

固定资产投资的税务筹划

固定资产投资是企业经营生产的必要条件，有消耗才会有产出，固定资产随着时间推移会逐年折旧，最终只剩残值。因此，固定资产投资的税务筹划等于是使用固定资产折旧方法的税务筹划。固定资产折旧的计算方法有如下四种。

1. 平均年限法

平均年限法=（1－预计净残值率）÷预计使用寿命×100%

平均年限法是最简单、使用最普遍的折旧方法，又称为"直线法"，是按固定资产的使用年限平均计提折旧的方法。此方法计算的每年折旧额是相同的，适用于各个时期使用情况大致相同的固定资产折旧。

2. 工作量法

工作量法=固定资产原价×（1－预计净残值率）÷预计总工作量×100%

工作量法是指以固定资产能提供的工作量为单位来计算折旧额的方法。工作量可以是汽车的总行驶里程，也可以是机器设备的总工作台班、总工作小时等。实质上，工作量法是平均年限法的补充和延伸，适用于在使用期间负担程度差异很大、提供的经济效益很不均衡的固定资产。

3. 双倍余额递减法

双倍余额递减法=2÷预计使用年限×100%

双倍余额递减法是指在不考虑固定资产预计残值的情况下，用每期固定资产的期初账面净值乘以一个固定不变的百分率，计算折旧额的一种加速折旧的方法。

双倍余额递减法是加速折旧法的一种，是假设固定资产的服务潜力在前期消耗较大，在后期消耗较少，因此在使用前期多提折旧，在使用后期少提折旧，从而相对加速折旧。

4. 年数总和法

年数总和法=尚可使用年限÷预计使用寿命的年数总和×100%

年数总和法又称为"折旧年限积数法"或"年数比率法"，是指用固定资产原值减去预计残值后的净额，乘以一个逐年递减的分数（折旧率）

计算折旧额的一种加速折旧的方法。年数总和法是固定资产加速折旧法的一种，主要用于两个方面的固定资产折旧：①由于技术进步，产品更新换代较快的；②常年处于强震动、高腐蚀状态的。

关于平均年限法和工作量法都提到的预计净残值率，可以分为内资企业和外资企业两种类型阐述。

预计净残值率 = 净残值 ÷ 原值（净残值在5%以内计提）

《中华人民共和国企业所得税法》[1]第十一条规定："在计算应纳税所得额时，企业按照规定计算的固定资产折旧，准予扣除。下列固定资产不得计算折旧扣除：（一）房屋、建筑物以外未投入使用的固定资产；（二）以经营租赁方式租入的固定资产；（三）以融资租赁方式租出的固定资产；（四）已足额提取折旧仍继续使用的固定资产；（五）与经营活动无关的固定资产；（六）单独估价作为固定资产入账的土地；（七）其他不得计算折旧扣除的固定资产。"

此外，企业固定资产确需缩短折旧年限或采取加速折旧方法的，应向主管税务机关提出申请，审核批准后方可进行。

企业在为固定资产选择不同的折旧方法，并计算带来的税收收益时，应先将计提的折旧按当时的货币资本市场利率进行贴现，准确计算出不同折旧方法下折旧费的现值总和及节税额现值总和，并加以比较。在遵守国家相关法律法规的前提下，选择能给企业带来最大税收规避额现值的折旧方法。

无形资产投资的税务筹划

在知识经济时代，无形资产在企业资产中的比重越来越大，在生产经营中的地位越来越重，无形资产用于投资的现象越来越多。因此，对无形资产投资的税务筹划已成为企业税务筹划的重要组成部分。

---

[1]《中华人民共和国企业所得税法》，国家税务总局官网，2019年01月7日。

企业应在具有合法性、前瞻性、成本效益的前提下，积极利用国家现行的税收法规和相关政策，进行无形资产投资的税务筹划，最大化获得税后收益。

无形资产投资阶段的税务筹划可以通过使用资产评估和分享收益两种方法进行，具体解释如下。

1. 利用资产评估方法进行税务筹划

企业以无形资产对外投资前，必须进行资产评估。资产评估的方法主要有：重置成本法、现行市价法、收益现值法、清算价格法。注意：对同一资产采用不同的评估方法评估，得到的结果会有不同。

目前，除中外合资企业进行股份制改造时，无形资产评估增值需征收企业所得税，其他类企业的无形资产增值不征收企业所得税。因此，企业应选择可以拉高企业无形资产价值的评估方法，好处有三点：①投资企业可以节约投资资本；②投资企业在转让、处置投资资产时，可提高转让收入的扣除成本，缩小所得税税基，达到节税的目的；③被投资企业可以使其多列无形资产的摊销价值，缩小所得税税基，达到节税的目的。

2. 使用分享收益的方法进行税务筹划

企业以无形资产对外投资的过程中，分享收益的方式不同会影响企业营业税的缴纳。若企业按占股比例参与投资方的利润分配，属于共同承担风险的行为，无须缴纳营业税；若企业固定地获得投资收益，则属于将无形资产出租给受资方使用的行为，应缴纳营业税。

根据国家税务总局关于印发《营业税税目注释（试行稿）》[1]的通知第八条"以无形资产投资入股，参与接受投资方的利润分配、共同承担投资风险的行为，不征收营业税"之规定，以各种无形资产投资入股的行为不属于转让行为，不在营业税征税范围之内，即不征收营业税。

---

[1]《国家税务总局关于印发〈营业税税目注释（试行稿）〉的通知》(国税发〔1993〕149号)，国家税务总局官网，1993年12月27日。

《国家税务总局关于非货币性资产投资企业所得税有关征管问题的公告》[1]第一条规定:"实行查账征收的居民企业以非货币性资产对外投资确认的非货币性资产转让所得,可自确认非货币性资产转让收入年度起不超过连续5个纳税年度的期间内,分期均匀计入相应年度的应纳税所得额,按规定计算缴纳企业所得税。"

企业负债融资的税务筹划

负债融资包括短期负债融资和长期负债融资两种形式(见表13-1)。

表13-1 短期负债融资和长期负债融资的特点

融资形式	融资分类	特点
短期负债融资	短期借款融资	融资速度快
		融资成本低
		融资弹性大
	利用商业信用融资	无须签订专门的借款合同
		不用办理融资手续
		在一定期限内资金成本可以为零
长期负债融资	长期借款融资	借款利率高
		借款弹性小
		企业财务风险大
	发行公司债券融资	发行约束条件多
		有固定利率、付息日和到期日
		利息可作为费用列支
	租赁融资	与购买设备相比,每年现金流出相对较小
		租赁期长,能获得设备的长期使用权
		租赁期满时,具有是否购买设备的选择权

---

[1]《国家税务总局关于非货币性资产投资企业所得税有关征管问题的公告》(国家税务总局公告2015年第33号),国家税务总局官网,2015年5月8日。

企业负债融资税务筹划需要考虑两个方面问题：①融资结构的变动对企业经营绩效与整体税负的影响；②合理的融资结构应能满足同时实现节税与所有者总体收益最大化的双重目标。

1. 借款融资的税务筹划

《中华人民共和国企业所得税法》[1]第四十六条规定："企业从其关联方接受的债权性投资与权益性投资的比例超过规定标准而发生的利息支出，不得在计算应纳税所得额时扣除。"

《财政部 国家税务总局关于企业关联方利息支出税前扣除标准有关税收政策问题的通知》[2]中规定：企业实际支付给关联方的利息支出，若企业按照税法及其实施条例的有关规定提供相关资料，并证明相关交易活动符合独立交易原则的，或者企业的实际税负不高于境内关联方的，其接受关联方债权性投资与其权益性投资比例做如下划分：

（1）金融企业为 5 ∶ 1；

（2）其他企业为 2 ∶ 1。

《国家税务总局 关于企业向自然人借款的利息支出企业所得税税前扣除问题的通知》[3]中规定：企业向除股东或其他与企业有关联关系的自然人以外的内部职工或其他人员借款的利息支出，借款情况同时符合以下条件的，其利息支出在不超过按照金融企业同期同类贷款利率计算的数额的部分，准予扣除。

（1）企业与个人之间的借贷是真实、合法、有效的，且不具有非法集资目的或其他违反法律、法规的行为；

（2）企业与个人之间签订了借款合同。

---

[1]《中华人民共和国企业所得税法》，国家税务总局官网，2019 年 01 月 7 日。

[2]《财政部 国家税务总局关于企业关联方利息支出税前扣除标准有关税收政策问题的通知》（财税〔2008〕121 号），国家税务总局官网，2008 年 09 月 19 日。

[3]《国家税务总局关于企业向自然人借款的利息支出企业所得税税前扣除问题的通知》（国税函〔2009〕777 号），国家税务总局官网，2009 年 12 月 31 日。

A公司因拓展生产线，需要1000万元流动资金，在不能继续向银行贷款的情况下，公司财务主管提出了三种融资方案。

方案1：向其他企业贷款，利率为7%，需提供担保。

方案2：向社会上的个人贷款，利率为8%，无须提供担保。

方案3：向本公司500名员工融资，利率为10%，4%的部分以利息方式支付，6%的部分以员工报销交通费用的方式支付。

最终，A公司从企业所得税纳税筹划的角度进行计算后，选择了第3种融资方案。

方案1计算：

当年允许扣除的利息费用=1000×4%=40（万元）

当年调增的应纳税所得额=1000×3%=30（万元）

当年调增的税额=30×25%=7.5（万元）

方案2计算：

当年允许扣除的利息费用=1000×4%=40（万元）

当年调增的应纳税所得额=1000×4%=40（万元）

当年调增的税额=40×25%=10（万元）

方案3计算：

当年允许扣除的利息费用=1000×4%=40（万元）

当年调增的应纳税所得额=0（元）

当年调增的税额=0（元）

2. 债券融资的税务筹划

企业发行债券的三种形式为溢价发行（债券票面利率高于发行时的市场利率）、折价发行（债券票面利率低于发行时的市场利率）和平价发行（债券票面利率与发行时的市场利率相同）。溢价发行或折价发行时，必须在发行期内摊销完毕。

B公司全面毛收入为550万元，正常扣除的费用额为150万元，在营运资金短缺250万元的情况下，为什么用发行债券的方式筹集资金比发行股票的方式好呢？（假设债券年利率为19%，所得税税率为25%）

（1）发行债券

应税所得额=550–150–250×10%=375（万元）

应纳所得税额=375×25%=93.75（万元）

（2）发行股票

应税所得额=550–150=400（万元）

应纳所得税额=400×25%=100（万元）

3．租赁融资的税务筹划

租赁是让渡资产使用权而获得报酬的一种经营活动，租赁在实务中可分为经营租赁和融资租赁。无论经营租赁还是融资租赁，出租房都应缴纳增值税和相应附加税。

在企业所得税上，经营租赁租入固定资产发生的租赁费用，按照租赁期限均匀扣除；融资租赁租入固定资产发生的租赁费用不得直接扣除，但按照会计制度规定计提的融资租入固定资产的折旧费可分期扣除。

C公司因生产需要，必须配备一台价格为1000万元的车床设备，当使用寿命期五年到期时，预计净残值为0。公司负责人要在租赁和购买两种方式上做选择：如果租赁，租期为五年，每年支付280万元租金；如果购买，需向银行全额贷款，利率为5%，还款期为五年。

（1）以租赁方式：每年支付的租金可作为成本费用扣除

五年租金抵减应纳税额=280×25%×5=350（万元）

税后总成本=5×280–350=1050（万元）

（2）以购买方式：每年计提的折旧额及发生的借款利息可从应纳税所得额中扣除。

五年折旧抵减应纳税额=（1000÷5）×25%×5=250（万元）

五年利息抵减应纳税额=（1000万元×5%）×25%×5=62.5（万元）

折旧和利息抵税 =250+62.5=312.5（万元）

税后总成本 = 购买价款 + 利息费用—折旧和利息抵税额

=1000+（50×5）–312.5=937.5（万元）

经计算，企业清楚了两种方案对于企业缴纳企业所得税的影响，虽然租赁方式节约的税款更多，但购买方式的总成本更低，最终 C 公司选择了贷款购买。

企业之间资金拆借的税务筹划

企业之间的资金拆借可以为企业的节税提供较为有利的条件，因为企业在拆借资金的利息计算上和资金回收期限方面均有较大弹性，表现为提高利息支付、冲减企业利润、抵消纳税金额，但利息的支付必须在财务制度规定范围之内。

B 公司（全资子公司）拟于 2020 年 5 月 1 日向 A 公司（母公司）借款 400 万元。双方协议固定，借款期为一年，年利率为 10%。B 公司于 2020 年 12 月 31 日借款到期时，一次性还本付息 440 万元。B 公司实收资本总额为 500 万元。已知同期同类银行贷款利率为 8%，金融保险业增值税税率为 7%，城市维护建设税税率为 6%，教育费附加征收率为 2%。

B 公司当年"财务费用"账户列支 A 公司利息 40 万元，允许税前扣除的利息为 20 万元（500 万元 ×50%×8%），调增应纳税所得额为 20 万元（40 万元 − 20 万元）。

B 公司 2019 年利润总额为 160 万元，企业所得税税率为 25%，不考虑其他纳税调整因素，B 公司当年应纳企业所得税税额为 45 万元 [（160 万元 +20 万元）×25%]。

B 公司支付利息 40 万元，A 公司得到利息 40 万元，由于是内部交易，对于 A、B 公司的利益集团既无收益也无损失。但是，因为 A、B 公司均是独立的企业所得税纳税人，税法对关联企业利息费用的限制使 B 公司额外支付了 5 万元（20 万元 ×25%）的企业所得税税款。A 公司收取的 40 万元利息还须按照"金融保险业"税目缴纳 7% 税率的增值税、6% 税率的城市维护建设税、2% 征收率的教辅附加费，合计多缴纳税费 3.024 万元 [40 万元 ×7%×（1+6%+2%）]。A 公司和 B 公司合计多缴纳税费 8.024 万元（5 万元 +3.024 万元）。

关联企业之间相互拆借资金是为了让企业经营更加得利，但因为缺少税务筹划，企业将额外多交不少税款。那么，本案例 A、B 公司该如何合法合规地采取税务筹划降低纳税额呢？

方案 1：变借款为吸收投资

将 A 公司借款 400 万元给 B 公司，改成 A 公司向 B 公司增加投资 400 万元，B 公司就无需向 A 公司支付利息。如果 A 公司的适用所得税税率与 B 公司相同，从 B 公司分回的利润无须补缴企业所得税税款。如果 A 公司所得税税率高于 B 公司，B 公司可以保留盈余不分配，A 公司也就无须补缴所得税，但 B 公司应缴纳 500 万元实收资本的印花税。

方案 2：变借款关系为购销关系

如果 A、B 公司存在购销关系，B 公司生产的产品作为 A 公司的原材料。当 B 公司需要资金时，A 公司可以支付预付账款 400 万元给 B 公司，让 B 公司获得一笔"无息"贷款，从而排除了关联企业借款利息扣除的限制。

方案 3：变借款为赊销

如果 A 公司生产的产品作为 B 公司的原材料，A 公司可以采取赊销方式销售产品，将 B 公司需要支付的应付账款由 A 公司作为"应收账款"长期挂账，B 公司同样可以获得一笔"无息"贷款。

企业采购业务增值税务筹划

税收是企业采购成本的重要组成部分,作为生产资料购入方的增值税纳税人,为了达到企业利润最大化目标,可以对购入的生产资料的成本费用进行税务筹划。

对于企业来说,从一般纳税人处采购和从小规模纳税人处采购,因为抵扣率不同,需要综合比较成本和增值税税赋。

某传媒公司拟采购一批价值 8 万元的办公用品,如果从大型商场(一般纳税人)处采购,抵扣率为 13%,可以抵扣进项税额为 0.92 万元 [8 万元÷(1+13%)×13%];如果从文具商店(小规模纳税人)处采购,抵扣率为 3%,但只有文具商店去税务机关代开增值税专用发票,才可以抵扣进项税额 0.23 万元 [8 万元÷(1+3%)×3%]。从文具商店采购比从大型商场采购少抵进项税额 0.69 万元(0.92 万元—0.23 万元)。文具商店老板当然不肯失去这笔大生意,答应除了去税务机关代开增值税专用发票,销售总价再降低 4000 元。

该传媒公司该怎样选择呢?

从大型商场采购的总价和抵扣进项税额都不变,仍为 8 万元和 0.92 万元。从文具商店采购的总价变为了 7.6 万元,抵扣进项税额变为 0.22 万元。从文具商店采购比从大型商场采购多交 0.7 万元增值税,但总价才便宜 0.4 万元,因此仍然选择从大型商场采购。

设:X 表示选择小规模纳税人供应商的价格;Y 表示选择一般纳税人资格的供应商的价格;α 表示一般纳税人增值税税率。

当 X÷（1+3%）≥ Y÷（1+α%）时，应选择具有一般纳税人资格的供应商。

例如：200÷（1+3%）≥ 219÷（1+13%）

194.17 ≥ 193.81

当 X÷（1+3%）< Y÷（1+α%）时，可优先选择小规模纳税人供应商。

例如：200÷（1+3%）< 220÷（1+13%）

194.17 < 194.69

由此可知，当一般纳税人供应商售价高于小规模纳税人供应商售价10%以上（含10%）时，选择小规模纳税人供应商有利；反之，选择具有一般纳税人资格的供应商有利。

抵扣进项税有三个前提：①取得增值税专用发票；② 360 日内认证；③认证相符后，认证当月抵扣，只有拿到增值税专用发票才能认证抵扣大额采购。

某些类型企业建议成立可以享受即征即退税收优惠政策的关联企业，在无须转移税负的情况下降低税负：①增值税一般纳税人销售其自行开发生产的软件产品，按 13% 税率征收增值税后，对其增值税实际税负超过 3% 的部分实行即征即退政策；②增值税一般纳税人将进口软件产品进行本地化改造（重新设计、改进、转换等，汉字化处理不包括在内）后对外销售，其销售的软件产品可享受①中规定的增值税即征即退政策。

不动产进项税额抵扣的纳税筹划

国家税务总局关于发布《不动产进项税额分期抵扣暂行办法》[1]的公告第二条规定："增值税一般纳税人（以下称纳税人）2016 年 5 月 1 日后取

---

❶《不动产进项税额分期抵扣暂行办法》，国家税务总局官网，2016 年 3 月 31 日。

得并在会计制度上按固定资产核算的不动产,以及2016年5月1日后发生的不动产在建工程,其进项税额应按照本办法有关规定分2年从销项税额中抵扣,第一年抵扣比例为60%,第二年抵扣比例为40%。取得的不动产,包括以直接购买、接受捐赠、接受投资入股以及抵债等各种形式取得的不动产。纳税人新建、改建、扩建、修缮、装饰不动产,属于不动产在建工程。房地产开发企业自行开发的房地产项目,融资租入的不动产,以及在施工现场修建的临时建筑物、构筑物,其进项税额不适用上述分2年抵扣的规定。"

国家税务总局关于发布《不动产进项税额分期抵扣暂行办法》的公告第四条规定:"纳税人按照本办法规定从销项税额中抵扣进项税额,应取得2016年5月1日后开具的合法有效的增值税扣税凭证。上述进项税额中,60%的部分于取得扣税凭证的当期从销项税额中抵扣;40%的部分为待抵扣进项税额,于取得扣税凭证的当月起第13个月从销项税额中抵扣。"

根据上述规定可知,"营改增"后企业购入或者自建不动产允许进行进项税额抵扣,对重资产企业是重大利好。

A公司成立于2010年,拥有一幢面积为400平方米的办公楼,但从内到外都比较陈旧,仍是20世纪90年代的装潢,各类设备已经不能满足现今企业的业务要求了。经董事会研究决定,于2020年6月开始对办公楼整体进行整修。办公楼的账面原值为900万元,装修预算为500万元(不含税),其中采购办公设备、电子设备和装修材料等成本费为320万元,聘请装潢设计公司进行装修设计的费用为80万元,装修公司装修费用为100万元。但公司财务部负责人提出压缩装修预算50万元,将总预算控制在450万元以内,因为改建、扩建、修缮、装饰不动产增加不动产原值未超过50%的,进项税额可以一次性抵扣,不必分两年抵扣。该公司为增值税一般纳税人,货物或服务的供应商均为一般纳税人,所购货物或服务都可以取得增值税专用发票。

A公司采购设备等适用13%的增值税税率；购进的设计服务适用现代服务业6%的增值税税率；购进的装修服务属于建筑服务，适用9%的增值税税率。

如果A公司未能通过预算修改，装修支出超过了不动产原值的50%，则需要将对应的进项税额分两年抵扣，即2020年抵扣60%，2021年抵扣40%。

2020年可抵扣进项税额=（320×13%+80×6%+100×9%）×60%=33.24（万元）

2021年可抵扣进项税额=（320×13%+80×6%+100×9%）×40%=22.16（万元）

如果A公司通过了预算修改，装修支出未超过不动产原值的50%，进项税可以一次性抵扣。公司采用招投标方式，将采购成本从320万元压缩到280万元，将装修费用从100万元缩减为90万元。

2020年可抵扣进项税额=280×13%+80×6%+90×9%=42.01（万元）

利息费用的税务筹划

《中华人民共和国企业所得税法》❶第八条规定："企业实际发生的与取得收入有关的、合理的支出，包括成本、费用、税金、损失和其他支出，准予在计算应纳税所得额时扣除。"

《中华人民共和国企业所得税法实施条例》❷第三十条规定："企业所得税法第八条所称费用，是指企业在生产经营活动中发生的销售费用、管理费用和财务费用，已经计入成本的有关费用除外。"

---

❶《中华人民共和国企业所得税法》，国家税务总局官网，2019年01月7日。
❷《中华人民共和国企业所得税法实施条例》(中华人民共和国国务院令第512号)，国务院办公厅官网，2007年12月6日。

根据《中华人民共和国企业所得税法实施条例》第三十七条第一款和第三十八条，准予扣除的范围规定如下：

（1）企业在生产经营活动中发生的合理的不需要资本化的借款费用，准予扣除；

（2）非金融企业向金融企业借款的利息支出、金融企业的各项存款利息支出和同业拆借利息支出、企业经批准发行债券的利息支出；

（3）非金融企业向非金融企业借款的利息支出，不超过按照金融企业同期同类贷款利率计算的数额的部分。

《国家税务总局关于企业所得税若干问题的公告》[1]第一条规定："根据《实施条例》第三十八条规定，非金融企业向非金融企业借款的利息支出，不超过按照金融企业同期同类贷款利率计算的数额的部分，准予税前扣除。鉴于目前我国对金融企业利率要求的具体情况，企业在按照合同要求首次支付利息并进行税前扣除时，应提供'金融企业的同期同类贷款利率情况说明'，以证明其利息支出的合理性。'金融企业的同期同类贷款利率情况说明'中，应包括在签订该借款合同时，本省任何一家金融企业提供同期同类贷款利率情况。该金融企业应为经政府有关部门批准成立的可以从事贷款业务的企业，包括银行、财务公司、信托公司等金融机构。'同期同类贷款利率'是指在贷款期限、贷款金额、贷款担保以及企业信誉等条件基本相同下，金融企业提供贷款的利率。既可以是金融企业公布的同期同类平均利率，也可以是金融企业对某些企业提供的实际贷款利率。"

根据《财政部　国家税务总局关于企业关联方利息支出税前扣除标准有关税收政策问题的通知》[2]的规定，如果企业能够按照税法及其实施条例

---

[1]《国家税务总局关于企业所得税若干问题的公告》国家税务总局公告2011年第34号），国家税务总局官网，2011年06月9日。

[2]《财政部 国家税务总局关于企业关联方利息支出税前扣除标准有关税收政策问题的通知》（财税〔2008〕121号），国家税务总局官网，2008年09月19日。

的有关规定提供相关资料，并证明相关交易活动符合独立交易原则，或者该企业的实际税负不高于境内关联方时，其实际支付给境内关联方的利息支出可不受债权性投资与权益性投资的比例（金融企业超过5∶1、其他企业超过2∶1）的影响，准予在计算应纳税所得额时扣除。

再根据《国家税务总局关于企业向自然人借款的利息支出企业所得税税前扣除问题的通知》[1]的相关规定，企业向股东或其他与企业有关联关系以外的内部职工或其他自然人借款的利息支出，若借贷是真实、合法、有效的，且不具有非法集资目的或其他违法行为，且企业与个人之间签订了借款合同，其利息支出在不超过按照金融企业同期同类贷款利率计算的数额的部分，准予在缴纳所得税前扣除。

由相关税法规定可知，利息支出需要符合相关规定才可进行抵扣，因此企业进行纳税筹划是非常必要的。

A公司主营建筑材料制造，B公司是其主要原料供应商。2020年上半年，A公司因为急需资金，从B公司借款1000万元，期限一年，利率为8%，而同类同期的一年期银行贷款利率为5%。A公司2020年息税前利润总额为2000万元，无其他纳税调整事项。

A公司应如何进行纳税筹划，才能降低纳税额呢？

企业与企业之间的借款交易可以转变为利用商业信用进行筹资，即通过以延迟付款的方式将利息支出巧妙地转化为企业的采购成本。A公司在与B公司达成协议后，将现金采购转为赊销，同时适当提高采购原材料的价格，由原来的1000万元提高至1100万元，双方约定一年后支付货款。

也就是，A公司同意增加10%的采购总额，但将支付期限延后一年，

---

[1]《国家税务总局关于企业向自然人借款的利息支出企业所得税税前扣除问题的通知》（国税函〔2009〕777号），国家税务总局官网，2009年12月31日。

既缓解了公司的资金压力，又降低了企业所得税额度。

A 公司进行税务筹划前：

允许扣除的利息费用 =1000×5%=50（万元）

不允许扣除的利息费用 =1000×8%-50=30（万元）

应纳企业所得税 =（2000-50）×25%=487.5（万元）

A 公司进行税务筹划后：

假设 2020 年原料全部耗用且生产的产品已全部售出，则额外支出的 100 万元作为主营业务成本，全部可以抵扣应纳税所得额。

应纳税所得额 =2000-100=1900（万元）

应纳企业所得税 =1900×25%=475（万元）

此外，相关法律也规定了不准予税前扣除的几种情况，主要见于《企业所得税法》及其实施条例和其他法律条文。

《中华人民共和国企业所得税法实施条例》[1] 第一百一十九条规定："企业所得税法第四十六条所称债权性投资，是指企业直接或者间接从关联方获得的，需要偿还本金和支付利息或者需要以其他具有支付利息性质的方式予以补偿的融资。企业间接从关联方获得的债权性投资，包括：（一）关联方通过无关联第三方提供的债权性投资；（二）无关联第三方提供的、由关联方担保且负有连带责任的债权性投资；（三）其他间接从关联方获得的具有负债实质的债权性投资。企业所得税法第四十六条所称权益性投资，是指企业接受的不需要偿还本金和支付利息，投资人对企业净资产拥有所有权的投资。企业所得税法第四十六条所称标准，由国务院财政、税务主管部门另行规定。"

《中华人民共和国企业所得税法》[2] 第四十八条规定："税务机关依照本

---

[1]《中华人民共和国企业所得税法实施条例》(中华人民共和国国务院令第512号)，国务院办公厅官网，2007年12月6日。

[2]《中华人民共和国企业所得税法》，国家税务总局官网，2019年01月7日。

章规定作出纳税调整,需要补征税款的,应当补征税款,并按照国务院规定加收利息。"

《中华人民共和国企业所得税法实施条例》❶第一百二十二条第二款规定:"企业所得税法第四十八条所称利息,应当按照税款所属纳税年度中国人民银行公布的与补税期间同期的人民币贷款基准利率加5个百分点计算。"

《中华人民共和国企业所得税法实施条例》第三十七条第二款规定:"企业为购置、建造固定资产、无形资产和经过12个月以上的建造才能达到预定可销售状态的存货发生借款的,在有关资产购置、建造期间发生的合理的借款费用,应当作为资本性支出计入有关资产的成本,并依照本条例的规定扣除。"

《中华人民共和国企业所得税法实施条例》第四十九条规定:"企业之间支付的管理费、企业内营业机构之间支付的租金和特许权使用费,以及非银行企业内营业机构之间支付的利息,不得扣除。"

《财政部 国家税务总局关于企业境外所得税收抵免有关问题的通知》❷的相关规定为:"企业因少缴或迟缴境外所得税而追加的利息不能视同已交纳的境外所得税在境内应纳所得税额中扣除。"

《国家税务总局关于企业投资者投资未到位而发生的利息支出企业所得税前扣除问题的批复》❸的相关规定为:"凡企业投资者在规定期限内未缴足其应缴资本额的,该企业对外借款所发生的利息不得在计算企业应纳税所得额时扣除。"其每一计算期不得扣除的借款利息 = 该期间借款利息额 × 该期间未缴足注册资本额 ÷ 该期间借款额。企业一个年度内不得扣

---

❶《中华人民共和国企业所得税法实施条例》(中华人民共和国国务院令第512号),国务院办公厅官网,2007年12月6日。
❷《财政部 国家税务总局关于企业境外所得税收抵免有关问题的通知》(财税〔2009〕125号),国家税务总局官网,2009年12月25日。
❸《国家税务总局关于企业投资者投资未到位而发生的利息支出企业所得税前扣除问题的批复》(国税函〔2009〕312号),国家税务总局官网,2009年06月4日。

除的借款利息总额为该年度内每一计算期不得扣除的借款利息额之和。

人工成本的税务筹划

工资薪金是指企业每一纳税年度支付给在本企业任职或者受雇的员工的所有现金形式或者非现金形式的劳动报酬，包括基本工资、奖金、津贴、补贴、年终加薪、加班工资，以及与员工任职或者受雇有关的其他支出。

工资总额是指各单位在一定时期内直接支付给本单位全部职工的劳动报酬总额，工资总额的计算应以直接支付给职工的全部劳动报酬为根据。

《中华人民共和国企业所得税法实施条例》[1]第三十四条第一款规定："企业发生的合理的工资薪金支出，准予扣除。"

《中华人民共和国企业所得税法实施条例》第三十五条规定："企业依照国务院有关主管部门或者省级人民政府规定的范围和标准为职工缴纳的基本养老保险费、基本医疗保险费、失业保险费、工伤保险费、生育保险费等基本社会保险费和住房公积金，准予扣除。企业为投资者或者职工支付的补充养老保险费、补充医疗保险费，在国务院财政、税务主管部门规定的范围和标准内，准予扣除。"

《中华人民共和国企业所得税法实施条例》第三十六条规定："除企业依照国家有关规定为特殊工种职工支付的人身安全保险费和国务院财政、税务主管部门规定可以扣除的其他商业保险费外，企业为投资者或者职工支付的商业保险费，不得扣除。"

企业职工福利费包括三个方面内容：①尚未实行分离办社会职能的企业，其内设福利部门所发生的设备、设施和人员费用，包括职工食堂、浴

---

[1]《中华人民共和国企业所得税法实施条例》(中华人民共和国国务院令第512号)，国务院办公厅官网，2007年12月6日。

室、理发室、医务所、托儿所、疗养院等集体福利部门的设备、设施及维修保养费用,以及福利部门工作人员的工资薪金、社会保险费、住房公积金、劳务费等;②为职工卫生保健、生活、住房、交通等所发放的各项补贴和非货币性福利,包括企业向职工发放的因公外地就医费用、未实行医疗统筹企业职工医疗费用、职工供养直系亲属医疗补贴、供暖费补贴、职工防暑降温费、职工困难补贴、救济费、职工食堂经费补贴、职工交通补贴等;③其他职工福利费,包括丧葬补助费、抚恤费、安家费和探亲假路费等。

《中华人民共和国企业所得税法实施条例》第四十一条规定:"企业拨缴的工会经费,不超过工资薪金总额2%的部分,准予扣除。"

《中华人民共和国企业所得税法实施条例》第四十八条规定:"企业发生的合理的劳动保护支出,准予扣除。"

《国家税务总局关于企业所得税若干问题的公告》[1]第二条规定:"企业根据其工作性质和特点,由企业统一制作并要求员工工作时统一着装所发生的工作服饰费用,根据《中华人民共和国企业所得税法实施条例》第二十七条的规定,可以作为企业合理的支出给予税前扣除。"

《中华人民共和国企业所得税法实施条例》第九十六条规定:"企业所得税法第三十条第(二)项所称企业安置残疾人员所支付的工资的加计扣除,是指企业安置残疾人员的,在按照支付给残疾职工工资据实扣除的基础上,按照支付给残疾职工工资的100%加计扣除。残疾人员的范围适用《中华人民共和国残疾人保障法》的有关规定。企业所得税法第三十条第(二)项所称企业安置国家鼓励安置的其他就业人员所支付的工资的加计扣除办法,由国务院另行规定。"

---

[1]《国家税务总局关于企业所得税若干问题的公告》(国家税务总局公告2011年第34号),国家税务总局官网,2011年06月9日。

A啤酒企业在2018年5月组织员工加班生产一批关联世界杯的畅饮冰啤。夏季高温，公司给每位生产一线的员工发放了500元防暑降温补贴，但因企业当年的职工福利费支出已超规定的税前扣除标准，应如何进行纳税筹划呢？

防暑降温补贴在性质上属于职工福利费，如果随工资一并发放，就要考虑"不超过工资薪金总额14%"的限制，超额发放会导致企业纳税调整。正确的做法是直接为员工购买实物，如防暑工作服、清凉饮料、常用药品和营养补品等防暑降温物品。此项支出属于劳动保护费，在税前可以全额扣除。

老板薪酬的税务筹划

甲："乙总，您没在公司发工资啊？"

乙："公司是我的，我要用钱就直接拿，大不了找发票报销一下，发工资还要交税！"

这是大部分中小企业老板的固有思维：反正公司是自己的，想拿多少钱自己说了算，挂个账就行了！但是，目前的税收监管模式下，这种方式还能持续多久？而且，明明有合法的方法，为什么不用呢？

正常情况下，如果企业实现挣得税前利润100万元，不考虑小微企业优惠政策，税后利润=100×（1-25%）=75（万元）。假如将税后利润75万元全部分给老板，老板实际拿到手的金额=75×（1-20%）=60（万元），即缴纳15万元个税。企业实现挣得利润100万元，需要缴税40万元（100万元－60万元），总体税负率40%。即便是按目前小微企业优惠政策（按5%缴纳企业所得税），总体税负率也为24%。

由此可见，如果老板不拿工资，而是靠税后分红拿钱，税负很高。如果老板领取工资，适用的综合所得税不超过40%，理论上税收成本将低于通过分红获得的收益的税收成本。

A企业税前利润为120万元，符合小微企业所得税优惠条件，测算后得出总体税负率为24.67%。老板年薪为50万元，税负率会变为多少呢？

假定个税扣除的三险一金及专项附加扣除费为年3.6万元。（不考虑其他扣除因素）经过测算，发放工资35.6万元，年终奖为14.4万元，缴纳个税4.927万元。工资部分税负率=4.927÷50=9.854%≈10%，远低于总体税负率。

老板在企业得到工资必须有个先决条件：在岗。老板是股东，但股东可以只投资入股，不参与实际经营管理，因此股东不应领取工资。如果股东在投资后仍然在企业工作，就可以得到一份合理的工资。

老板薪酬设计是保护企业管理者的个人利益，在进行纳税筹划时应避免对老板利益造成侵害，同时也要最大限度保护企业利益。

（1）原则上按照税法规定进行会计核算，避免因为会计和税负差异太大而进行纳税调整。

（2）合理区分个人红利和工资薪酬所得，充分利用不同税负核算机制进行税务筹划。

（3）不符合小微企业所得税优惠条件的企业，在条件允许范围内，可以先转换为符合小微企业所得税优惠条件。

老板拿工资能降低整体税负成本，老板的年薪数额确定应该从两个方面考虑：①企业整体薪酬和福利水平；②老板拿多少薪酬可以最大限度节税。

经实际操作和总结得出，民营企业老板的年薪水平在36万元~60万元比较合理。比如老板的年薪为36万元（固定月薪＋年终奖）。经过合理拆分，36万元年薪的税负率约为7%，个人所得税为2.4万元左右。企业利润降低36万元（此部分利润的应缴所得税和股息所得税总额为14.4万元），但实际只缴了2.4万元的个人所得税。通过向老板发放36万元薪酬，节省了12万元（14.4万元—2.4万元）的税收。

企业销售业务增值税筹划

《中华人民共和国增值税暂行条例》第十九条规定："增值税纳税义务发生时间为：（一）发生应税销售行为，为收讫销售款项或者取得索取销售款项凭据的当天；先开具发票的，为开具发票的当天。（二）进口货物，为报关进口的当天。增值税扣缴义务发生时间为纳税人增值税纳税义务发生的当天。"

《中华人民共和国增值税暂行条例实施细则》❶第三十八条规定："条例第十九条第一款第（一）项规定的收讫销售款项或者取得索取销售款项凭据的当天，按销售结算方式的不同，具体为：（一）采取直接收款方式销售货物，不论货物是否发出，均为收到销售款或者取得索取销售款凭据的当天。（二）采取托收承付和委托银行收款方式销售货物，为发出货物并办妥托收手续的当天。（三）采取赊销和分期收款方式销售货物，为书面合同约定的收款日期的当天，无书面合同的或者书面合同没有约定收款日期的，为货物发出的当天。（四）采取预收货款方式销售货物，为货物发出的当天，但生产销售生产工期超过12个月的大型机械设备、船舶、飞机等货物，为收到预收款或者书面合同约定的收款日期的当天。（五）委托其他纳税人代销货物，为收到代销单位的代销清单或者收到全部或者部

---

❶《中华人民共和国增值税暂行条例实施细则》中华人民共和国财政部令国家税务总局第50号），财政部官网，2008年12月18日。

分货款的当天。未收到代销清单及货款的，为发出代销货物满180天的当天。（六）销售应税劳务，为提供劳务同时收讫销售款或者取得索取销售款凭据的当天。（七）纳税人发生本细则第四条第（三）项至第（八）项所列视同销售货物行为，为货物移送的当天。"

《中华人民共和国增值税暂行条例实施细则》❶第四条规定："单位或者个体工商户的下列行为，视同销售货物：（一）将货物交付其他单位或者个人代销；（二）销售代销货物；（三）设有两个以上机构并实行统一核算的纳税人，将货物从一个机构移送其他机构用于销售，但相关机构设在同一县（市）的除外；（四）将自产或者委托加工的货物用于非增值税应税项目；（五）将自产、委托加工的货物用于集体福利或者个人消费；（六）将自产、委托加工或者购进的货物作为投资，提供给其他单位或者个体工商户；（七）将自产、委托加工或者购进的货物分配给股东或者投资者；（八）将自产、委托加工或者购进的货物无偿赠送其他单位或者个人。"

2021年3月26日，A企业与B商场签订委托代销空调协议，不含税价款为200万元，增值税税率为13%，四个月后一次性付清。A企业在发出空调时不用交税，纳税义务时间推迟到收到商场代销清单当天。假设2021年7月26日，B商场按约定提供了代销清单并将货款一并交付，A企业的纳税义务就推迟到该日履行。

实际可分为两种情况，如果B商场在7月1日就支付了货款并提供了清单，则A企业应在当月完成缴纳26万元增值税；如果B商场直到2021年11月1日才提供代销清单，则A企业最迟应该于2021年9月22日（第

---

❶《中华人民共和国增值税暂行条例实施细则》(中华人民共和国财政部国家税务总局令第50号)，财政部官网，2008年12月18日。

180 天）确认收入并缴纳增值税。

不同销售方式的税务筹划

销售从来不是单一的行为，而是多种方式的混搭，比如常见的打折、满减、返现、买一赠一、满额返券、购物抽奖等，和网络时代新兴的置换、纯佣、KOC 种草等。不同的销售方式增值税的核算是有区别的，企业在选择时，不仅要考虑营销活动本身的效果，还要考虑税费问题。

A 商场为增值税一般纳税人。经过测算，商场毛利率为 50%，即销售 1000 元商品的平均购入成本为 500 元（两者均为含税价）。购入的商品均可取得增值税专用发票，可以从销项税额中抵扣。

为提升销售业绩，A 商场决定在 2021 年夏季到来之际展开一次大力度促销活动，有如下三种方案（仅考虑增值税一个税种）。

方案 1：所有商品八折促销。

方案 2：消费者每购买商品满 1000 元，返还现金 200 元。

方案 3：消费者每购买 1000 元商品，赠送价值 200 元的商品购物券（赠品购入成本为 100 元）。

在进行方案选择之前，必须先了解"折扣""返现""返券"三种不同促销方案对应的不同增值税规定。

方案 1 对应"折扣销售"：税法规定，企业发生商业折扣，如果商品的销售额和折扣额在同一张发票上分别注明，则按照折扣后的销售额计征增值税；如果折扣额另开发票，无论在会计上如何处理，均不得从销售额中扣除折扣额，需全额计征增值税。

方案 2 对应"返现销售"：销售返现的现金在性质上属于企业的促销费用，对企业增值税的计算没有影响，企业按照销售额计算销项税即可。

方案 3 对应"返券销售":税法规定,企业将资产、委托加工和购买的货物用于集体福利、个人消费或者无偿赠送他人的,应视同销售,计算增值税销项税额并缴纳增值税。

通过对上述三种促销方案增值税规定的了解,再结合以下对三种促销方案的详细计算,就可以得出哪种方案更具力度。

方案 1:

若销售额和折扣额开在同一张发票上,则应按折扣后的销售额计算销项税额。

应纳增值税 =[1000×0.9÷(1+13%)]×13% − [500÷(1+13%)]×13%=46(元)。

若折扣额开在另一张发票上,则不得从销售额中扣除折扣额,须全额计算销项税额:

应纳增值税 =[1000÷(1+13%)]×13% − [500÷(1+13%)]×13%=57.54(元)。

方案 2:

返还的 200 元现金作为销售费用处理,对增值税没有影响。

应纳增值税 =[1000÷(1+13%)]×13% − [500÷(1+13%)]×13%=57.54(元)。

方案 3:

返券购买的商品应视同销售,计算并缴纳增值税。

应纳增值税 =[1000÷(1+13%)×13% − 500÷(1+13%)×13%]+[200÷(1+13%)×13% − 100÷(1+13%)×13%]=69.05(元)。

通过比较上述结果可以得出:仅就缴纳增值税而言,采用打折促销并将销售额和折扣额并开在同一张发票上缴纳的增值税税额最低。但企业在具体选择方案时,还需考虑其他税种,才能做出最佳选择。

混合销售行为的税务筹划

A科研单位为增值税一般纳税人，在2017年年底转让一项其新研制出来的技术，取得转让收入共计160万元，其中技术转让费为100万元，仪器设备费为60万元。

那么，A科研单位应该按照什么标准纳税呢？

如果一项销售行为既涉及销售应税商品，又涉及提供应税劳务，则为混合销售。法律规定以主营业务为判断依据。

《营业税改征增值税试点实施办法》❶第四十条规定："一项销售行为如果既涉及服务又涉及货物，为混合销售。从事货物的生产、批发或者零售的单位和个体工商户的混合销售行为，按照销售货物缴纳增值税；其他单位和个体工商户的混合销售行为，按照销售服务缴纳增值税。本条所称从事货物的生产、批发或者零售的单位和个体工商户，包括以从事货物的生产、批发或者零售为主，并兼营销售服务的单位和个体工商户在内。"

因此，A科研单位因不是以从事货物生产、批发或零售为主的企业、企业性单位或个体经营者，其取得的160万元混合销售收入，全部按现代服务业6%的税率缴纳增值税。

混合销售行为成立的标准有两点：①销售行为必须在整体一项之内；②销售行为必须既涉及货物销售，又涉及应税服务。

A家电销售公司为一般纳税人，主要代理销售国内知名品牌的电视机、空调、冰箱、壁挂炉等。2021年6月共计销售1000台某品牌空调，每台售价为3580元（含税），购进价为2980元（含税）。另外，在销售空

---

❶《营业税改征增值税试点实施办法》，上海税务官网，2016年04月5日。

调的过程中负责为客户安装,每台空调的安装向客户收取200元(含税)安装及调试费。

如果将安装调试费与销售价格捆绑,A家电销售公司同时存在货物销售和应税服务,混合销售行为应按照销售货物缴纳13%的增值税。

A家电销售公司2021年6月应纳增值税=1000×[(3580+200)÷(1+13%)×13% — 2980÷(1+13%)×13%]=92040(元)

可以再成立一家独立核算的售后服务公司B(小规模纳税人),由B售后服务公司为客户提供空调的安装及调适服务并收取费用。经此转换后,安装调试费被分离出来,只按照3%的征收率缴纳增值税。

A家电销售公司2021年6月应纳增值税=1000×[3580÷(1+13%)×13% — 2980÷(1+13%)×13%]=69 030(元)

B售后服务公司2021年6月应纳增值税=1000×[200÷(1+3%)×3%]=5825.24(元)

将A家电销售公司的应纳增值税和B售后服务公司的应纳增值税相加,得出74 855.24元,比未筹划前的92 040元应纳增值税节约了17 184.76元。

兼营不同税率业务的税务筹划

现代企业常进行多元化经营,采取这种不把鸡蛋放在同一个篮子里的经营方式可以降低企业的经营风险。多元化经营中,企业的主营业务确定后,其他项目业务即为兼营业务,且不同业务适用的增值税税率是不同的。例如A企业既经营税率为13%的生活资料,又经营税率为9%的农业用生产资料。依据税法规定,若未分别核算,则从高适用税率。

《营业税改征增值税试点实施办法》第三十九条规定:"纳税人兼营销售货物、劳务、服务、无形资产或者不动产,适用不同税率或者征收率的，应当分别核算适用不同税率或者征收率的销售额；未分别核算的，从高适用税率。"

根据《财政部 税务总局关于全面推开营业税改征增值税试点的通知》[1]第一条的相关规定，试点纳税人销售货物、加工修理修配劳务、服务、无形资产或者不动产适用不同税率或者征收率的，应当分别核算适用不同税率或者征收率的销售额，未分别核算销售额的，按照以下方法计算适用税率或者征收率。

（1）兼有不同税率的销售货物、加工修理修配劳务、服务、无形资产或者不动产，从高适用税率。

（2）兼有不同征收率的销售货物、加工修理修配劳务、服务、无形资产或者不动产，从高适用征收率。

（3）兼有不同税率和征收率的销售货物、加工修理修配劳务、服务、无形资产或者不动产，从高适用税率。

地处华南的A综合市场属于增值税一般纳税人。2020年5月，其市场销售粮食、食用油取得含税销售额40万元；销售日用百货取得含税销售额410万元；经营快餐、风味小吃生意取得80万元的营业收入。该市场设有三个收银岗位，但会计核算不规范，没有分别核算不同业务的销售收入。本期取得可以抵扣的进项税额26万元。那么，该市场应如何进行纳税筹划才能做到最大限度节约税款呢？

税法明文规定，兼营不同税率的销售货物或应税服务，在取得收入后应分别如实记账，并按其所适用的税率各自计算应纳税额。A综合市场的销售行为属于兼营不同税率的销售货物。销售粮食和食用油适用9%的增值税税率；销售日用百货适用13%的增值税税率；经营餐饮业务按照生活服务业6%的税率缴纳增值税。但因该市场未能分别核算各项经营项目应纳税额，因此从高适用税率13%的增值税税率。

---

[1]《财政部 税务总局关于全面推开营业税改征增值税试点的通知》(财税〔2016〕36号)，国务院公报官网，2016年第19号。

筹划前应纳增值税=（40+410+80）÷（1+13%）×13%-26=34.97（万元）

A综合市场聘请代理记账机构进行代理记账，分别核算不同经营项目的销售额，按不同税率分别计算应纳增值税。

筹划后应纳增值税=[40÷（1+9%）×9%+410÷（1+13%）×13%+80÷（1+6%）×6%]-26=29（万元）

利用产业正常进行税务筹划

我国税法中规定了一些产业可以享受税收优惠政策，企业可根据自身情况灵活选择，如产业优惠、区域优惠等，以达到减轻税负的目的。

《中华人民共和国企业所得税法》❶第二十七条规定："企业的下列所得，可以免征、减征企业所得税：（一）从事农、林、牧、渔业项目的所得；（二）从事国家重点扶持的公共基础设施项目投资经营的所得；（三）从事符合条件的环境保护、节能节水项目的所得；（四）符合条件的技术转让所得；（五）本法第三条第三款规定的所得。"

《中华人民共和国企业所得税法》第二十九条规定："民族自治地方的自治机关对本民族自治地方的企业应缴纳的企业所得税中属于地方分享的部分，可以决定减征或者免征。自治州、自治县决定减征或者免征的，须报省、自治区、直辖市人民政府批准。"

《中华人民共和国企业所得税法》第三条第三款规定："非居民企业在中国境内未设立机构、场所的，或者虽设立机构、场所但取得的所得与其所设机构、场所没有实际联系的，应当就其来源于中国境内的所得缴纳企业所得税。"

1. 农、林、牧、渔业项目

《中华人民共和国企业所得税法实施条例》第八十六条规定："企业

---

❶《中华人民共和国企业所得税法》2007年3月16日第十届全国人民代表大会第五次会议通过），新华社网，2007年03月19日。

所得税法第二十七条第（一）项规定的企业从事农、林、牧、渔业项目的所得，可以免征、减征企业所得税，是指：（一）企业从事下列项目的所得，免征企业所得税：1. 蔬菜、谷物、薯类、油料、豆类、棉花、麻类、糖料、水果、坚果的种植；2. 农作物新品种的选育；3. 中药材的种植；4. 林木的培育和种植；5. 牲畜、家禽的饲养；6. 林产品的采集；7. 灌溉、农产品初加工、兽医、农技推广、农机作业和维修等农、林、牧、渔服务业项目；8. 远洋捕捞。（二）企业从事下列项目的所得，减半征收企业所得税：1. 花卉、茶以及其他饮料作物和香料作物的种植；2. 海水养殖、内陆养殖。企业从事国家限制和禁止发展的项目，不得享受本条规定的企业所得税优惠。"

2. 国家重点扶持的公共基础设施项目

《中华人民共和国企业所得税法实施条例》❶第八十七条规定："企业所得税法第二十七条第（二）项所称国家重点扶持的公共基础设施项目，是指《公共基础设施项目企业所得税优惠目录》规定的港口码头、机场、铁路、公路、城市公共交通、电力、水利等项目。企业从事前款规定的国家重点扶持的公共基础设施项目的投资经营的所得，自项目取得第一笔生产经营收入所属纳税年度起，第一年至第三年免征企业所得税，第四年至第六年减半征收企业所得税。企业承包经营、承包建设和内部自建自用本条规定的项目，不得享受本条规定的企业所得税优惠。"

3. 符合条件的环境保护、节能节水项目

《中华人民共和国企业所得税法实施条例》第八十八条规定："企业所得税法第二十七条第（三）项所称符合条件的环境保护、节能节水项目，包括公共污水处理、公共垃圾处理、沼气综合开发利用、节能减排技术改造、海水淡化等。项目的具体条件和范围由国务院财政、税务主管部门、国务院有关部门制订，报国务院批准后公布施行。企业从事前款规定的符

---

❶《中华人民共和国企业所得税法实施条例》(中华人民共和国国务院令第512号)，国务院办公厅官网，2007年12月6日。

合条件的环境保护、节能节水项目的所得，自项目取得第一笔生产经营收入所属纳税年度起，第一年至第三年免征企业所得税，第四年至第六年减半征收企业所得税。"

4. 符合条件的技术转让所得

《中华人民共和国企业所得税法实施条例》第九十条规定："企业所得税法第二十七条第（四）项所称符合条件的技术转让所得免征、减征企业所得税，是指一个纳税年度内，居民企业技术转让所得不超过 500 万元的部分，免征企业所得税；超过 500 万元的部分，减半征收企业所得税。"

5. 民族自治地方的企业

《中华人民共和国企业所得税法实施条例》第九十一条规定："非居民企业取得企业所得税法第二十七条第（五）项规定的所得，减按 10% 的税率征收企业所得税。下列所得可以免征企业所得税：（一）外国政府向中国政府提供贷款取得的利息所得；（二）国际金融组织向中国政府和居民企业提供优惠贷款取得的利息所得；（三）经国务院批准的其他所得。"

A 有限责任公司主要经营项目的股权投资和运营管理，经过前期调研和筛选，备选出三个投资项目。

项目 1：在 S 市周边农村投资建设无污染的绿色蔬菜种植基地，理由是当前民众对食品安全和自身健康问题愈发重视。

项目 2：在 K 市投资建设薰衣草种植园，理由是熏香、精油产业深受都市年轻女性青睐，未来市场空间很大。

项目 3：在 N 市投资新型家庭洗涤日化品，理由是该项目产品属于日常生活必备品，市场需求可持续。

这三个项目的投资预算均在 5000 万元左右，经过详细测算，投资回报率均在 15% ~ 18%。在只考虑税收的情况下，A 有限责任公司应选择哪个投资项目呢？

因为三个投资项目的投资额度和预期投资回报率相差不大，在不考虑人工成本、市场渠道等方面的情况下，应选择税负更轻的项目。根据税法规定可知，项目1为蔬菜种植项目，免征企业所得税；项目2为香料作物种植项目，减半征收企业所得税；项目3无优惠，按照25%的税率征收企业所得税。因此，A有限责任公司应优先选择项目1进行投资。

第十四章 税务稽查与应对策略

哪些行为容易引起税务稽查？

随着税收优惠政策执行不断深化，企业可以享受的税收优惠越来越多，但很多企业管理者仍然在税款方面打主意，期望以违法手段节税。还有一些新创企业的管理者，因为对企业经营尚处于摸索阶段，对税务工作更加不知其轻重，往往在企业被税务稽查时才有所悟。因此，作为企业管理者必须树立依法纳税的意识，深入了解企业的哪些情况会引起税务稽查，才能让企业在合法合规的轨道上健康发展。接下来，我们一起学习了解容易引起税务稽查的八种异常情况和八种其他情况。

（1）增值税一般纳税人税负变动异常。纳税人自身税负变化大于30%，可能存在账外经营、已实现纳税义务而未结转收入、取得进项税额不符合规定、享受税收优惠政策期间购进货物不取得可抵扣进项税额发票或虚开发票等问题。

（2）虚假抵扣收据造成费用异常。可能存在企业将工资分解为基本工资、年终奖金、节日费、各种补贴等发放，员工每月找发票报销，直接计入福利费、差旅费等，或者部分企业直接购买发票抵消等问题。

（3）纳税人销售额变动率与应纳税额变动率弹性系数异常。可能存在本企业将自产产品或外购货物用于集体福利、在建工程等，不计收入或未做进项税额转出等问题。

（4）纳税人主营业务收入费用率异常。企业主营业务收入费用率明显高于行业平均水平的，可能存在多提、多摊相关费用，将资本性支出一次性在当期列支等问题。

（5）纳税人主营业务收入成本率异常。异常浮动率超过20%的，可能存在销售未计收入，多列成本费用、扩大税前扣除范围等问题。

（6）纳税人期末存货与当期累计收入差异幅度异常。变动率超过50%的，可能存在库存商品情况信息不真实，销售货物后未结转收入等问题。

（7）纳税人期末存货大于实收资本差异幅度异常。可能存在库存商品情况信息不真实，销售货物后未结转收入等问题。

（8）增值税专用发票用量变动异常。纳税人开具增值税专用发票超过上月30%（含）并超过上月10份以上的，可能存在虚开发票。

（9）企业设置两套账（内账和外账）。内账记录企业真实的经营情况，外账是经会计粉饰过的以应付税务机关的假账，目的是偷税。但在税务大数据和第三方大数据的天眼之下，两套账的做法几乎无从遁形。

（10）企业收到未开票收入不申报或不及时申报。企业应以增值税纳税义务发生时间确认实际收入并申报纳税，但一些企业在到达纳税义务时间后，因为没有开票，所以不做申报。

（11）虚开发票。企业管理者直接从其他单位购买虚开的发票，或者让跟自己关系很好的其他单位代开发票，或者伪造供销合同和资金往来情况信息。

（12）开票内容与企业主营业务实际情况相差较大。在发票中，购销双方、商品名称没有根据要求填写明细，开票系统无法根据开票内容选择商品名称和税收分类编码。

（13）工资薪金和社保严重不匹配。工资大于社会保障申报额或者被发放工资人数大于社会保障申报人数的，在社会保障鉴定时需要补缴滞纳金并进行罚款。

（14）虚设人员，虚列工资。企业增加N个没有简历、没有工作时间的非本企业员工申报工资，虚报企业费用，逃避企业所得税。

（15）员工补贴金不报税。企业的伙食补贴、住房补贴、结婚补贴、生日礼金和其他各种补贴，不合并工资申报纳税都是不合规的。

（16）长期零申报。企业与该地区同行业企业相比，工资明显偏低，会被税务机关列为高风险企业。

税务稽查的程序

税务稽查是由税务稽查局依照法律规定立案实施的，对企业的正式的税务常规检查。税务稽查局依照法律规定对企业进行税收征收管控，如果发现某一纳税主体有偷税、漏税、逃税等情节的，可以介入调查。税务稽查的具体程序分为选案、检查、审理和执行四个重要环节。

程序1：选案

由税务稽查局选案科通过人工选案、计算机系统选案、检举或其他方式等，筛选出要进行税务稽查的对象，经稽查局局长批准，将拟计划税务稽查的企业名录送至检查科进行检查。

税务稽查局须严格把控对经营者、扣缴义务人的常规检查次数，不能对企业展开过于频繁的检查。

程序2：检查

检查科依据企业名录安排稽查人员对企业实施税务稽查。检察人员须提前告知待查企业检查时间和必备材料等。检查须由两名以上具有执法资格的工作人员一同实施，并向被稽查企业出示"税务常规检查证件"和《税务常规检查通知书》。

采用调取账簿材料、询问相关人员、实地调查取证、异地协同调查、查询存款账户等方法，对企业财务材料展开稽查，寻找企业未缴、少缴、晚缴税金的线索（多缴税金不属于税务稽查的范围）。

检察人员在向企业出具《调取账簿材料通知书》后，才可调取账簿、记账凭证、财务报表和其他相关材料。然后填写调取账簿材料清单，交企业方核对后签章确认。

须由两名以上工作人员共同对企业相关人员进行询问，同时出具《询问通知书》。被询问人可以口头陈述、书面材料、电子数据等形式提供证词。工作人员应以笔录、录音、录像等形式记录口述内容。其中，笔录或可手写或可计算机记录并打印，再让被询问人逐页签章、按手印；录音、录像视听资料须注明制作方法、制作时间、制作人员和证明对象等。工作人员应对书面材料交接清晰，并逐本、逐册或逐页，向被询问人核准并签章。工作人员有权要求当事人将电子数据打印成纸质材料，并在纸质材料上注明数据出处、打印场所、打印时间和提供时间，注明"此打印材料与电子数据核对无误"，并由被询问人签章。

检查人员进行实地调查取证必须制作现场笔录，记载调查的时间、地点、场景或相关事件，并由当事人签章。此外，检查人员可以异地调查取证或者发函委托其他地区稽查局协助调查取证。

检查结束前，检查人员可将查出的税款违法事实和依据告知被查对象。当事人对违法事实和依据有异议的，须在限期内提供说明及证据材料。

程序3：审理

审理科对于检查科的检查意见形成结论性文书，分为四个类别（图14-1）。针对涉案金额较大的案件，须报请税务机关重大税务案件审理委员会展开审理。

- 有税款违法行为，应作出税务处理决定的，制做《税务处理决定书》
- 有税款违法行为，应出税务行政处罚决定的，制做《税务行政处罚决定书》
- 税款违法行为轻微，依法可以不予税务行政处罚的，制作《不予税务行政处罚决定书》
- 没有税款违法行为的，制作《税务稽查结论》

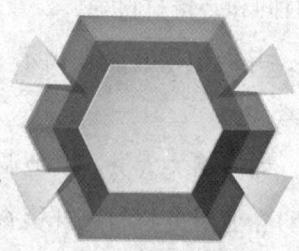

图14-1　结论性文书的种类

审理中若发现存在不合规的检查材料，应当要求检查科进行补正或补充调查。案件审理主要关注四大类十个方面的问题：①税款违法事实是否清楚，证据是否充分，数据是否准确，材料是否齐全；②适用法律法规的确定是否适当，定性是否正确；③案件审理过程是否符合法定程序，是否存在超越或滥用职权行为；④税务处理、处罚建议/决定是否适当。

拟对被稽查企业或当事人作出税务行政处罚的，须向其送达《税务行政处罚事项告知书》，告知其依法享有陈述、申辩及要求听证的权利。

程序4：执行

执行部门依据税务处理决定，要求企业或当事人补缴税金。待执行完毕税金入库后，形成执行报告，并将缴款凭证复印件等材料交给案卷管理科入库保管。

针对纳税人未按时缴纳税金的，经县以上税务局局长批准，可依法申请人民法院强制执行。当事人确有经济困难，可延期或分期缴纳罚款。

税务部门稽查的方法

税务稽查人员在依法对有涉税违法嫌疑的企业进行税务稽查时，通常会采用一些必要的方法或措施，有如下几种。

1. 查账方法

查账方法按照审查方式的不同分为审阅法和核对法，按照审查详细程度的不同分为详查法和抽查法，按照查账顺序的不同分为顺查法和逆查法。

（1）审阅法。对稽查对象有关书面资料的内容进行详细审查、研究，发现疑点线索，取得税务稽查证据。审阅法适用于所有企业经济业务的检查。应视所检查企业的具体情况审阅有关资料，包括：①会计资料；②记账凭证；③账簿（总账、明细账、明细分类账）；④会计报表；⑤其他资料。审阅上述五类资料，应重点关注所审阅资料的时间逻辑关系，如资料所呈现日期与经营业务发生日期、会计核算记录日期是否存在矛盾的情况。

（2）核对法。核对书面资料的相关记录，或是验证书面资料的记录与实物是否相符。采用核对法对稽查对象的会计资料或其他资料进行验证时，必须根据实际情况结合其他检查方法关联运用：①会计资料之间相互核对；②会计资料与其他资料之间相互核对；③证证核对；④账证核对（结合逆查法）；⑤账账核对；⑥账表核对；⑦账实核对。

（3）详查法。又称"全查法"，是对稽查对象在检查期内的所有经济活动、涉及经营业务及其经济信息资料，进行详细审核检查。详查法适用于规模较小、经营业务较少、会计核算简单、核算对象比较单一的企业。详查法对于管理混乱、业务复杂的企业以及税务稽查的重点项目、事项的检查，都能取得较好的效果。

（4）抽查法。从稽查对象总体中抽取部分资料或存货进行审查，再依据抽查结果推断总体。抽查法分为两种：①重点抽查法；②随机抽查法。

（5）顺查法。又称"正查法"，按照会计业务处理程序依次进行检查。顺查法适用于业务规模不大或业务量较少的企业，以及经营管理和财务管理混乱、存在重大问题的企业。

（6）逆查法。又称"倒查法"，按照会计业务处理程序的相反顺序，采用由报表、账簿到凭证的检查方法。逆查法适用于对大型企业，以及内部控制制度健全、内部控制管理严格的企业的检查。

2. 分析方法

分析方法是指运用不同的分析技术，对与企业会计资料有内在联系的财务管理信息，以及税款缴纳情况进行重点审核分析，以确定涉税疑点和线索。常用的分析方法包括：控制计算法、比较分析法、因素分析法、趋势分析法、技术经济分析法、经济活动分析法。

（1）控制计算法。简称"计算法"，根据有关数据之间的相互控制、相互制约关系，用可靠的科学测定的数据来证实账面资料是否正确。以耗核产、以进核出、以产核销、以存计销、以存计耗等都属于这种方法。

（2）比较分析法。将企业会计资料中的有关项目和数据，相关的时期之间、指标之间、企业之间及地区/行业之间，进行静态或动态的对比分析，以发现问题、获取线索。比较分析法的常用类型方法包括：绝对数比较分析法、相关比率比较分析法、构成比率比较分析法。

3. 调查方法

调查方法是指在税务稽查过程中，采用观察、查询、外部调查和盘点等方法，对稽查对象与税收有关的经营情况、营销策略、财务管理、库存等进行检查、核实。根据稽查对象和稽查目的的不同，调查方法可分为观察法、查询法、外调法和盘存法。

（1）观察法。稽查人员通过深入检查现场，如车间、仓库、营业场所、基建工地等，对于被查事项或需要核实的事项进行实地视察和了解，考察企业产、供、销、运各环节的内部管理状况，从中发现存在的问题，获取相关证据。

（2）查询法。对审查过程中发现的疑点和问题，通过调查、询问的方式，查实某些问题，取得确实资料。根据查询方式的不同，查询法可分为面询法、函询法。

（3）外调法。对有疑点的凭证、账项记录或其他经济业务，通过稽查稽查对象、对该项业务相联系的单位/个人进行实地调查，以查实问题。外调法主要用于外部证据的核实、取证，具体可分为函调法和人调法。

（4）盘存法。通过对企业货币资产、实物资产进行盘点和清查，确定其形态、数量、价值、权属等内容与账簿记录是否相符。

对银行账户的涉税检查

"金税四期"已经款款而来,各家银行已加强监测,尤其加强客户身份识别,持续关注客户日常经营活动及金融交易情况。重点排查异地开户、休眠测试、无法联系开户企业、资金过渡明显、夜间交易频繁、经营异常的可疑账户。对可疑对公账户,各银行会视情况分等级采取只收不付、不收不付、限制网银交易等控制措施。以下列举常见的对公账户的涉税风险点,望企业管理者引以为戒。

(1)在银行开具辅助账户,不向税务申报;收入进入这个账户,不确认收入。

(2)个人卡长期用于收款,而金额进出频率很大,累计金额也大。

(3)个人卡用于收取货款,却同时用于支付供应商款;一旦供应商涉税被查,这些问题也就暴露了。

(4)个人卡用于收取货款,同时通知经销商,导致很多人知道这些卡在用于收取货款。

(5)出借银行账号供其他企业过账。

(6)私转公和公转私金额过大,且没有正当理由。

(7)公司账号或个人卡存在灰色收入。

公司账号长期没有任何资金往来而公司存在业务运营情况下,如何应对税务稽查

税务检查是税务机关的日常税务管理工作。税务检查的基本任务是依法查处税务违法行为,保障税收收入,维护税收秩序,促进依法纳税。虽

然税务机关对企业进行检查的目的是查处违法行为，但只要企业严格依法纳税并翔实、明确地掌握纳税规章，没有出现有意识或无意识的违法偷逃税行为，便无须紧张。

如同警察为了破案要到案发地附近走访一样，属于正常工作，行得正走得端的人自然会轻松自然，只有那些违法乱纪者才会心存慌乱。但是，掌握一些应对税务稽查的方法还是有必要的，毕竟配合执法人员是每个公民应尽的义务。这方面的准备工作并不困难，也不烦琐，我们给出四项初步建议，企业可根据自身实际情况（如企业规模大小、企业地理位置、企业管理层级等）具体操作。

（1）做好日常工作准备。企业应加强财务人员的税务政策的学习与培训，使其平时养成财务资料分门别类存档，不该对外开放的资料放置于有保密措施的房间。企业要做好自查自纠工作，将涉税风险消弭于无形。

（2）做好接待心理准备。对于税务机关的先通知后到来或不通知突然到来，都不必慌乱，摆正自身位置，积极配合。面对举报，要拿出证据反击，而不是和税务稽查人员争执，甚至抗拒执法。

（3）接待稽查人员。税务稽查接待要按对等原则。正式检查前，企业负责人可礼节性出面，但不能有妨碍或诱导稽查人员的行为或语言，对企业各项财务问题亦不作肯定性答复和介绍。正式检查开始后，企业方面由财务总监陪同稽查人员在企业各经营场所（管理、生产、销售、库存等）走访，并如实回答稽查人员提出的问题，不得干预稽查人员向企业其他人员的询问。

（4）了解稽查情况。稽查人员通过采用必要的稽查方式和技术手段，搜集案件的证人证言、书面形式证据，梳理形成《税务稽查报告》。稽查人员将发现的税款违法事实和依据告知被查企业。被查企业若对违法事实和依据有异议，可在限期内提供说明及证据材料。

企业自查补税的认定

企业自查补税的认定，关键在于会被认定为偷税吗？以及后续的一些跟进措施是什么？

纳税人未在法定期限内缴纳税款，在法律上构成了偷税。但在稽查局进行税务检查前主动申报补缴税款，并且税务机关没有证据证明纳税人是偷税主观故意的，不按偷税处理。

可见，如果企业在稽查局进行税务检查开始后或完毕后才想起申报补缴税款，和税务机关有证据证明纳税人具有偷税主观故意，两者有其一，税务机关就应对该企业按偷税处理。但纳税人补缴税款的悔改行为可作为税务机关从轻裁量的考量因素。

《中华人民共和国税收征收管理法》❶第三十二条规定："纳税人未按照规定期限缴纳税款的，扣缴义务人未按照规定期限解缴税款的，税务机关除责令限期缴纳外，从滞纳税款之日起，按日加收滞纳税款万分之五的滞纳金。"

由此可知，并未规定纳税人滞纳税款的原因类型，也就是说纳税人在本质上构成税款滞纳行为的，都应按规定缴纳相应滞纳金。因此，即便是自查补缴税款的纳税人也需要缴纳滞纳金。

但法律也规定了一些特殊情况，纳税人不用缴纳滞纳金，规定内容包括纳税机关的责任、超过追征期、税收政策调整等。

《中华人民共和国税收征收管理法》第五十二条第一款规定："因税务机关的责任，致使纳税人、扣缴义务人未缴或者少缴税款的，税务机关在三年内可以要求纳税人、扣缴义务人补缴税款，但是不得加收滞纳金。"

---

❶《中华人民共和国税收征收管理法》，国家市场监督管理总局官网，2015年04月24日。

那么，上述法律条款所称税务机关的责任是什么呢？根据《中华人民共和国税收征收管理法实施细则》第八十条的规定可知，是指税务机关适用税收法律、行政法规不当或者执法行为违法。

《中华人民共和国税收征收管理法》第五十二条第二款规定："因纳税人、扣缴义务人计算错误等失误，未缴或者少缴税款的，税务机关在三年内可以追征税款、滞纳金；有特殊情况的，追征期可以延长到五年。"

这条规定好像在说，只要超过了三年或五年的追征期，不但不用缴纳滞纳金，连税款也不用征收了。但该条款之下的第三款还另有说明：对偷税、抗税、骗税的，税务机关追征其未缴或者少缴的税款、滞纳金或者所骗取的税款，不受前款规定期限的限制。

税务稽查案例分析

某省国税局稽查局接到国家税务总局稽查局转来的举报信，举报某食品有限公司（以下简称A公司）涉嫌巨额偷税。

A公司主要生产经营品牌调料、火锅底料，近两年开发出多种规格型号的调味品、小食品、肉食品、蔬菜制品、非酒精饮料等产品。

A公司下设行政、财务、研发、生产、销售、配送、售后等部门。其中，销售部下设四个办事处，分区域负责国内三十多个销售点的经销业务。

该省国税局稽查局组成A公司税务检查组，在查阅了A公司有关税收申报资料后，列出两项有价值的线索。

（1）税负偏低。调味品企业市场广阔，具备长期成长性，且A公司已具品牌效益，产品覆盖面延伸很快。但近五年A公司的综合税负率都在2%左右，各年末均无留抵进项税额。

（2）纳税申报存疑。A公司增值税纳税申报表及其附表均申报的是开具发票（包括增值税专用发票和普通发票）的销售收入，未申报未开销售发票的销售收入。因A公司产品销售对象主要为超市、私营企业、个体批发商等，相当一部分数量的销售对象不需要发票，应该有未开发票的销售收入存在。

检查组明确了检查方向后，突击调账检查，检查人员共分三个小组：①a小组检查财务室，重点提取财务数据，用移动硬盘现场拷贝电脑数据库的数据；②b小组检查销售部，重点收集客户档案资料、销售统计报表、业绩考核表等；③c小组检查生产车间和仓储配送中心，重点检查生产记录和产成品库存是否账实相符。

面对稽查局的突击检查，A公司积极配合，检查未发现正常会计核算资料以外的涉案证据。在调取账簿凭证，并分类统计分析产品、包装、材料购进数据和梳理了银行账户资料、管理记录、生产材料后，发现了一大堆看似问题却找不到不妥之处的问题，可以归纳为两点。

（1）包装袋购进量大、规格复杂，无法准确统计。A公司有38种规格各异的常用小型包装物品，购进包装物品的计量单位有件、箱、斤、袋、个等，个别购进发票没有数量、只有金额，会计账簿只核算大类，没有分品种、分规格核算，记账不明晰。

（2）包装用量与成品计量单位对应关系复杂。A公司成品出入库与销售结转均以"件"为单位，不同系列产品每一大件内又有不同规格、不同数量的小件包装。对于包装数量无法精确统计和定量分析，难以从账务核算上直接发现问题。

为了打开僵局，检查人员转移阵地，到超市、集市上收集A公司不同品名、不同规格和型号的产品，再与账簿记录的产品包装品名、型号、规格进行比对分析。

经过不懈努力，检查人员终于觅得线索，在一个小包装袋上发现A公司除在税务机关登记的生产地址、销售电话外，还有另一个销售部电话。

检查组分析认为，这个电话号码可能对应A公司的账外经营销售核算地。经电信部门配合，查知该电话是个人名字登记的，地址在同市的××

路16号。检察人员对该地址实施突击检查,现场一部电脑页面直接显示A公司一批商品出入库统计,检察人员又从另一部电脑发现A公司各片区市场营销布局、销售业绩考核等数据。工作人员当即对相关数据进行收集、归类,并复制、打印数据,交当事人签字盖章。

随后,检查人员将16号所在地电脑中提取的A公司各销售片区收入业绩考核的统计数据,与首次检查A公司获取的会计账簿记载的收入数据进行比对,判定A公司有隐瞒销售收入的情况,但没有提取到其他账外涉税凭证。检查人员依法对A公司负责人进行询问调查,未能取得突破。

检查组兵分两队,a队继续从A公司已获取的信息资料中查找违法线索;b队从购货方入手收集A公司隐匿收入的证据。

b队在A公司客户群中选出一批购货商,逆向调查商品流、资金流,收集销售发票、购销合同、银行凭证等涉税资料。终于,在某购货商提供的货款支付凭证中发现了几张"不一般"的银行转账支付凭证回单。收款单位是A公司,但该账户账号不是A公司登记注册的结算银行账户账号,说明A公司有另外一条资金流渠道。

从银行查明该账户就是A公司的账户,且从开设以来发生了大量资金往来,许多销售货款被汇入该账户。检查人员依法再次对A公司负责人进行调查询问,在铁的事实面前,负责人如实交代了偷税违法事实,并交出了隐匿于账外的涉税资料。

A公司偷税案的隐蔽性非常强,且该公司具有较强的反稽查意识,在经营机构设置上首先考虑具有隐秘性,以多处存放涉税资料的手段应对税务管理与检查。该公司所采用的"反应链"式的防护给稽查工作带来巨大困难,让税务检查很难深入,反映了当前偷税问题的复杂性、隐蔽性。

A公司的虚假账务处理极具欺骗性,开发票的收入全额记账,装出一副良好纳税人的形象,不开发票的收入不记账或少记账,用虚假记账依据应对税务管理检查,增大了违法案件的调查取证难度。

第十五章　企业税收管理体系建设

没有规矩，不成方圆

"金税四期"到来后，税务监管部门在持续加强监管的同时，仍在持续跟进完善政策制度，促进制度篱笆日益健全。要形成促进新型经济形态发展的两只手，一只手托起持续有序健康发展，另一只手维护各行业税收秩序、防止国家税款流失。

尤其在新生行业不断崛起的新情况下，新生事物导致催生的新业态、新行业、新模式给税收监管带来了不小的麻烦，"野蛮生长"之下出现的"灰色地带"让税务监管不断形成短板。但与时俱进的税务监管工作在不断拆毁短板的同时更加完善和强大。

作为企业管理者要形成主动纳税的意识，不能认为税务监管的核心是"收钱"。国家税款的集中应用与国计民生息息相关，保证了国家税收收入，才能保证国家具有持续的强大治理能力，也才能保证企业在长治久安的大环境下健康发展。

通过建立网信、税务部门、市场监管部门协同共治的一系列机制，包括信息共享机制、联合奖惩等，能够形成更密更严的监管格局，让偷逃税款的灰色地带趋向无限小，违法违规行为无所遁形，形成更强的法律震慑力。

2022年前后，国家出台了很多税收优惠政策，扶持企业发展，比如留抵退税、小微优惠、小规模免税等，力度之大前所未有。但同时加强税收监管，加强管理、查缺补漏，坚决杜绝虚开抵扣骗取退税。可以说，税收合规的检查力度也越来越大了。"合规"将成为企业财税管理的主旋律。

"没有规矩，不成方圆"，在"金税四期"时代，税务机关更加突出协同共治，提升监管合力，税收大数据分析以及部门信息共享日益加强，常态化监管机制有效发挥作用。

没有系统，管理不精

许多中小企业，特别是初创期的企业，经常认为自己规模小，把全部精力放在发展业务上，没有时间去管税务上的事情。企业对税务的管理仅限于每个月完成申报缴纳工作，这是基本事务，但企业忽略了税收也是一大成本，纳税对企业的影响是真金白银的流出。如果税务风险和成本管控不好，可能业务部门辛苦赚来的钱都被税务成本抵消掉了。所以，税务管理在所有企业中是必不可少的，而建立专业的税务管理系统不但可以帮助企业合理合法节税风控，而且能实现降本增效，让企业利润最大化。

随着国家税收管理体系的逐步健全、征管技术的越发先进、税收管理的越发严格。同时，在以风险为导向、大数据为工具的信息化征管新形势下，为进一步提升税务机关的征管效率，从"事前审批"到"事前备案"，税务机关角度上，税务机关希望纳税人提高纳税遵从度、加强自身税务管理、有问题自查补税，企业也需要加快完善自己内部的税务管理系统，以应对税收征管环境的快速变化。

税务管理系统的搭建听起来很专业很复杂，其实没有那么复杂、神秘，只要把握住其中的关键要素，就可以根据企业的实际情况形成适合自己的税务管理模式。每个企业搭建自己的税务管理系统的时候要根据自身情况量体裁衣，下面提供一些搭建要素供企业参考。

（1）建立税务管理组织系统。主要负责税务管理的业务分工和办税人员的管理考核。大部分企业对税务管理在公司管理体系中的定位是模糊的，业务分工不清晰，大多数职位都是财务人员兼任，具体负责税务的人员都不知道做什么。这就要求给税务管理人员定岗定责，并且进行必要的考核。建议企业在财务部设置税务专员岗位，有条件的中大型企业可以建立独立于财务部门的税务管理部门，设置税务经理或总监职位，主抓企业的全面税务管理工作。还有一个问题也要重视：财务负责人或其他办税人员离职时一定要把他们的信息在税局做变更。因为离职员工未来做什么已经不在公司可控范围内了，特别是办税人员，他们未来的错误操作也会连累原公司。如果他们兼任多家企业的财税职务，其中一家被认定为非正常户，那么其他家就会被连累。

（2）建立税款申报管理系统。根据企业业务范围和特征，确定税种清单，建立税基台账。精准计算税额，形成申报底稿，经审核无误后再进行正式的纳税申报，减少申报失误。还要建立财产损失申报及所得税汇算的相关流程和工具。

（3）建立发票及证据链管理系统。确定发票的开票申请及开具流程，发票取得的审核及风险识别，发票的使用及管理台账，发票缺失或丢失的补救措施，各业务的涉税证据清单的建立、收集和管理的要求。

（4）建立涉税合同管理系统。企业大部分业务合同都涉税，专业的合同设计不仅可以避免税务风险和争议，也可以达到节税的效果。有条件的企业可以由业务、法务、财务三方一起开会共同设计好合同模板，对常见的涉税条款做好示例，对合同各方的涉税权利及义务做好约定，比如发票条款、金额内容、结算方式、履约方式和地点等，最好形成书面格式的条款备用。

（5）建立风险自查评估系统。设计评估指标清单和涉税风险台账，定期对企业的合同设计、业务行为、发票开具、财务处理、账户使用等进行风险排查，提前发现风险，及时进行防范，原则上风险排查每季度进行一次。有条件的企业也可以以外部自查的形式，借助外部专业力量来做健康检查，不但可以和内部检查形成互补，也可以让外部机构提供一些建议，完善自身管理。外部检查的方式现在已越来越被很多企业所认可。

（6）建立税务资料档案管理系统。税务档案包括财务档案及其他涉税资料，所以财务档案管理的规定适用于税务档案，同时税局文书、完税凭证、涉税合同、业务资料等都是税务档案的一部分。企业要建立清单台账，专门安排人员保管工具，规定好相关交接流程和制度。

（7）建立政策收集培训系统。现在税收政策变化特别快，企业必须要不断了解最新政策并精准施用，保证该享受的优惠都能享受到，不该冒的风险不冒，不该踩的坑不踩。企业应经常对涉税业务的相关人员进行相关培训，提高管理人员和财务人员的税务风险意识，注重办税人员政策素养和业务能力的培养。

（8）建立税企和谐管理及税务检查应对系统。企业应建立税企沟通机制，对于可能产生的税企争议进行预先沟通，降低不必要的争议风险。对于税务检查工作，企业要重视，不要恐惧，更不要回避，做好准备，好好沟通；根据检查的不同的目的和方式，要有个性化的应对，提前设计好应对预案，让检查人员在合理合法的前提下做出有利于企业的处理结果。

（9）建立大数据税务管理系统。随着企业规模扩大，业务越来越多，越来越复杂，人工管税效率低下，有条件的企业可以建立信息化的税务管理系统以提高效率。可以量身定制，也可以购买平台服务，帮助企业建立对事前、事中、事后等环节进行管控的税务数据管理体系。一般的大数据税务管理平台都可以为企业提供全生命周期的税务管理，涵盖全税种、全流程、全业务，同时为企业提供税务数据自动采集、涉税数据自动校验、申报数据自动报送、多维度数据指标统计、税务风险管理等业务功能。

（10）建立税务管理制度系统。税务管理系统搭建起来，并不能说税务管理就会好起来了，在落实过程中也会遇到无法推进的问题。要落实税务管理系统工作，是有很多事要做的，即使最终可能会提高效率、减轻工作负担，但相关人员前期还是要进行设计和制作，并引导业务部门学习熟悉。他们会认为很麻烦，还有可能会触动某些部门、下属公司或者相关人的利益，可能会面临反对，或怠于执行的情况，设置合理的制度进行约束就很有必要了。

涉税制度设计基本理念

企业在进行涉税制度设计之前，要具备三个基本理念：即具备执行性的流程化理念、具备简明性的表格化理念和具备全面性的数据化理念（图15-1）。

流程化理念	表格化理念	数据化理念
• 历程是管理方法的细化 • 流程可以描述相关部门和角色职责与权限 • 流程是确保结果的重要工具	• 表格有利于提高管理效率 • 表格让管理方式更为直观 • 表格是落实制度的重要方式	• 数据是经营业务的客观表达 • 数据是决策的重要依据 • 没有数据就无法进行有效管理

图15-1　涉税制度设计的理念

涉税制度设计的原则

企业在进行涉税制度设计时，需要掌握目的性、合法性、效益性和操作性四个原则（表15-1）：

表15-1 涉税制度设计的原则

原则	包含内容	解释
目的明确原则	税务工作	做好本企业的税务管理和执行工作
	纳税数额	本企业的应纳税工作做到一分不差
条款合法原则	引用现有条款	引用已有的法律法规条文
	企业自定	企业根据自身情况制定在本企业范围内实行的条款
成本效益	合理节税	在合法范围内节税
	税收优惠	及时了解并合法享受税收优惠政策
方便操作	向上配合	对税务机关的工作积极配合
	向下培训	在企业内部进行纳税意识培养培训

涉税制度的体系框架

企业在进行涉税制度的体系设计时，除要考虑自身的实际情况和未来发展需要外，有七项内容是不分行业、不分阶段、不分规模、不分战略都必须要包含的（图15-2）。

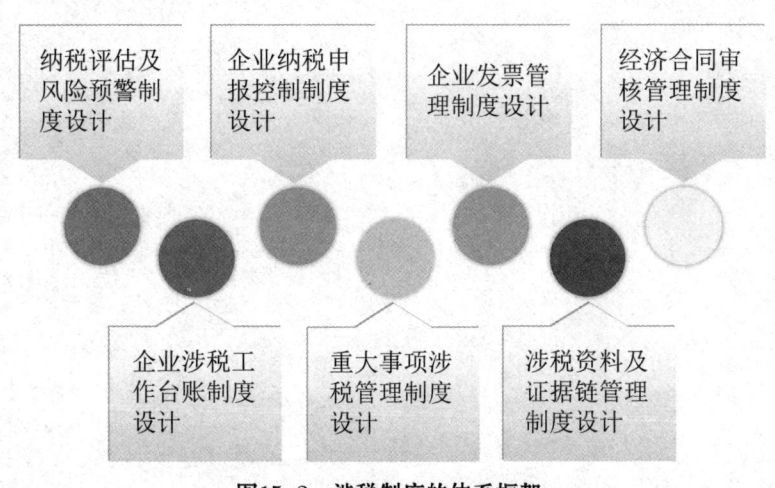

- 纳税评估及风险预警制度设计
- 企业纳税申报控制制度设计
- 企业发票管理制度设计
- 经济合同审核管理制度设计
- 企业涉税工作台账制度设计
- 重大事项涉税管理制度设计
- 涉税资料及证据链管理制度设计

图15-2 涉税制度的体系框架